莎士比亚传

皮波人物国际名人研究中心　编著

国文出版社
·北京·

图书在版编目（CIP）数据

莎士比亚传 ／ 皮波人物国际名人研究中心编著.
北京 ：国文出版社，2025． —— ISBN 978-7-5125-1841-4

Ⅰ．K835.615.6

中国国家版本馆CIP数据核字第202401JY51号

莎士比亚传

编　　著	皮波人物国际名人研究中心
责任编辑	戴　婕
统筹监制	杨　智
责任校对	周　琼
出版发行	国文出版社
经　　销	国文润华文化传媒（北京）有限责任公司
印　　刷	文畅阁印刷有限公司
开　　本	880毫米×1230毫米　　　32开
	6印张　　　　　　　　　100千字
版　　次	2025年3月第1版
	2025年3月第1次印刷
书　　号	ISBN 978-7-5125-1841-4
定　　价	59.80元

国文出版社

北京市朝阳区东土城路乙 9 号　　　　　邮编：100013
总编室：（010）64270995　　　　　　传真：（010）64270995
销售热线：（010）64271187
传真：（010）64271187-800
E-mail：icpc@95777.sina.net

　　莎士比亚（1564—1616 年），英国剧作家、诗人。生于商人家庭，当过剧场杂差、演员、编剧等，为文艺复兴时期最有代表性的作家之一。现存剧本 37 部、长篇叙事诗 2 首、十四行诗 154 首。

　　主要剧作有历史剧《亨利四世》等，喜剧《仲夏夜之梦》《威尼斯商人》等，悲剧《罗密欧与朱丽叶》《哈姆雷特》等。

　　他的作品以人文主义观点，反映了英国封建制度解体、资本主义兴起时期的社会矛盾；提倡个性解放、婚姻自主等，反对封建束缚、神权桎梏，把解决矛盾的希望寄托于"开明君主"自上而下的政治变革、道德的改善。

　　剧作人物性格鲜明、情节生动丰富、语言精练而富有表现力，对欧洲文学、戏剧的发展有重大影响。

目　录

第一章

家庭与婚姻

莎翁的童年

威廉·莎士比亚是欧洲文艺复兴时期的伟大剧作家、诗人。在世界文学史上，他与希腊的荷马、意大利的但丁、德国的歌德并称为"人类文学四大宝藏"。他遗留后世的剧作有 37 种，包括 10 部历史剧、13 部喜剧、10 部悲剧、4 部传奇剧。除了剧本外，还创作了 2 部长篇叙事诗、1 部诗集《十四行诗》。他将表演中的经验和对生活的领悟，凝练成一幕幕流传千古的剧作，在戏剧和文学领域大放异彩。他的戏剧让人们了解了这个世界的林林总总和人生百态。莎士比亚不仅是一个家喻户晓的名字，它已经成为一种象征，一种体现世界文坛艺术成就的经典象征。

抛开以上这些光环，莎士比亚也只是一位成就了

不朽艺术创作的平凡人。他有着平凡人的喜怒哀乐和欲望追求,他也渴望功名利禄,而他的这些作为平凡人的人性特质与他的家庭和成长环境有着密不可分的联系。现在就让我们从他的家庭开始,来了解这位大文豪的传奇一生。

英格兰有许多市镇都叫斯特拉福,其中坐落于埃文河两岸的那个小城最是人杰地灵。但到了16世纪中叶,这些都已是明日黄花,曾经极富人文气息的小城已成了熙熙攘攘的繁荣市镇。生于近郊村庄中的青年若是不想跟祖辈们一样与地里的泥巴打交道,就会移居到这儿来,学习一门手艺,然后定居下来。

在这群向往斯特拉福生活的青年之中,有一个名叫约翰·莎士比亚的青年,他住在城外的一个叫作斯尼特菲尔的美丽村落。莎士比亚家世代务农,可是约翰却不想步他们的后尘,毅然离乡背井来到斯特拉福。

约翰·莎士比亚选择了制造手套这一行。16世纪几乎人人都要戴手套,本地的制造业者又受到《国会法案》的保护，所以手套制造这一行很有赚头。手套制造业在斯特拉福成为最庞大的行业之一，直到百余年后，才为绸缎业所取代。

约翰·莎士比亚经营的是制造高级产品的原料，不过，他在业余时间也同旁人一样经售其他的商品，由木材到羊毛，应有尽有。

斯特拉福没有城墙，它的街道非常挺直而宽阔，然而在精神上却仍旧是个紧密、褊狭的中世纪小区。像英格兰的其他市镇一般，斯特拉福市镇当局竭尽全力保护当地实业，不容外人介入，所有的行业都经严格的控制和督导，居民们需谨遵当地法规。斯特拉福的居民必须给自家的狗戴上口罩，不得让家禽乱跑，不准玩牌或进行任何不法的游戏。若是夏季里孩子到了晚上 8 点还没回家的、没有清扫水沟的，或是从城里的碎石坑里"借"些碎石子儿以自用的，那就等着罚款吧！要带外乡人回家的，须得获得官方特许，如果出于同情收留了某个大肚子的"陌生女人"在家里，那罚金一定会让你吃不消。

即便是有高额罚金的威胁,斯特拉福也没有哪个德行高尚的居民可以幸免。斯特拉福居民最常犯的过错,是在住宅门口堆置垃圾,对这种行为的惩罚成了政府的最佳收入来源。像约翰·莎士比亚这种被罚过12便士的已经算是持家有道的人了。

经过了几年的打拼,1557年,约翰当选为自治市的下院议员,并被派以品尝麦酒这个需要极度清醒的差事。1558年,约翰又成为这个自治市的"治安警察"之一,这个职位可要身强力壮、意志坚决的人才能胜任。1568年,约翰当上了市政官。这份任命使他得以以乡绅的身份出入各种场合,并可谋求一枚贵族家徽。

这个时候,约翰成家了,他的婚姻和他顺风顺水的生意与公职一样,很令亲友们满意。他的妻子出身古老的亚登家族。老罗勃特·亚登没有儿子只有女儿,他把他最小、最疼爱的女儿玛丽·亚登嫁给了约翰。玛丽出嫁时,不仅带来了大笔现款,还有大片的农地。约翰的父亲是亚登家的佃农,这片土地对约翰的重大意义可想而知。

约翰在斯特拉福买了两栋房子,莎士比亚家的孩子们无疑都是在这儿出生的。在生过两个女孩儿之后,莎士比亚家终于迎来了第 3 个孩子,这回总算得了个男孩儿,约翰夫妇愉快地为他取名为威廉·莎士比亚。

当地的人们并不能预料到这个婴儿今后会成为举世瞩目的大文豪,所以对他的出生也并没格外地关注,以至于连他确切的出生日期都没有记载,只有在教堂的记录上载有他受洗的日子是 1564 年 4 月的一天。但后世的人们一厢情愿地认为莎士比亚是诞生于 4 月 23 日,因为这是他未来病殁的日子,更是以英格兰的守护神圣乔治命名的节日。

小莎士比亚出世后 3 个月,斯特拉福爆发了一场大瘟疫,半年之内已有三百多人丧命。于是约翰和玛丽匆忙地把小莎士比亚带到远离疫区的地方,以保住爱子的生命。

小莎士比亚出生 3 年后,约翰获得角逐市政官的

莎士比亚出生的房子，现已改建为纪念馆。

提名,并最终当选。这是该城的最高政治首长。1568年,约翰宣誓就职。小莎士比亚当时已经4岁,并多了个2岁的弟弟做伴。

斯特拉福有一所免费的文法学校,由该地的税收支付。读、写是由教区里的牧师负责,读书的帖子是一方木板,上头贴着写满字母的纸张,再覆上一层薄而透明的角板,以防孩子们肮脏的小手乱抓。等学会了字母,孩子们便会开始读一种儿童识字册,同时学字母和教义。莎士比亚便以这种方式学写字母。

斯特拉福文法学校里的课程与英格兰其他的文法学校一样,严肃、呆板、枯燥。中世纪(欧洲历史上指封建社会时代。一般指公元476年西罗马帝国灭亡到欧洲文艺复兴这段时期),学校教育的目的是要培养有学问的教士,好担任教堂里的职务。这一时期的英格兰,孩子们学的不外乎拉丁文,而所教是否适用于孩子们将来过日子所需并不重要。100个孩童里也不见得会有一个在日后能用得上拉丁文的,因而等到孩子们开始要品尝旧时作者赏心悦目的文笔时,那想要

学习的热切却因文法的重负而熄灭。就如莎士比亚，他终生都宁可借英译本来读拉丁作品。小莎士比亚入学 10 年后，伦敦有位教师呼吁在课堂上应教授英文，这个建议太"激进"了，当时竟没有人去在意它。

除读、写拉丁文外还有背诵，另外学校还特别注重在重大场合的说话技巧，训练学生能够灵巧地控制、使用说话的声音。有许多老师让学童们演出知名戏剧家的剧本，让他们亲身体验如何把握话语中的字眼。像这样的背诵和说话训练对于将来成为职业演员的莎士比亚倒是很有用的。除此之外，斯特拉福的文法学校什么也没教给莎士比亚。

莎士比亚 7 岁以后，不论夏天、冬天，从周一到周六，他天天都得去上学。他的教室就在父亲约翰就职的市政厅的楼上。

这时莎士比亚家已经成为大家庭了。莎士比亚已经有两个弟弟、两个妹妹了。约翰的生意越做越大。莎士比亚 11 岁时，约翰开始扩充在当地的财产。1575 年，约翰以 40 英镑的价钱把邻近的两栋房子也买了过来。

买了房子之后，约翰就成为斯特拉福的大地主了。这时他最想要的，就是向伦敦申请为自己颁发贵族徽章。约翰娶了亚登家的女儿，光是这个姓氏，在当地就有足够大的影响力，何况约翰还做了市政官，只要付得起纹章部所要的费用，就可以申请颁给徽章。房子买后的次年，1576 年，约翰向纹章部提出申请，纹章部部长还为他草画了徽章的设计图。

莎翁的婚姻

斯特拉福以各种市集闻名,5月和9月里,方圆数里的人们都拥到市集街的特别摊棚上来购物。在人潮涌动的地方就一定会有卖艺的人,于是莎士比亚有更多的机会可以在斯特拉福看到艺人们的公开表演。

斯特拉福也有定期的舞台表演。第一个巡回的剧团便在莎士比亚父亲约翰任市政官那年来到城里演出,受到约翰的接待。以后每年总会有一个大班子一路演到斯特拉福来。《国会法案》严格规定,演出的剧团一定要有执照。在伊丽莎白一世女王(1533—1603年,亨利八世之女,1558—1603年在位。以后简称"伊丽莎白")时代里,身上没有证明文件的四处走动的盲流是再罪恶不过的了。为了不被人视为流氓

伊丽莎白一世画像，约1585年绘制。

无赖,每个剧团都有后台,规模较大的有达官贵人撑腰,小些的也有当地乡绅名流撑腰。

剧团来到斯特拉福后,他们首先去见市长,出示证件,取得演出执照。第一场在市政厅免费表演,主要表演给市长与议会诸公看。因为是免费,想要一睹为快的民众常将厅门上的铁条都挤得变了形。身为市政官的公子,莎士比亚不愁没有好位子可以看戏。演员们在斯特拉福越来越受到欢迎,平均每年会有两个剧团来演出,包括很多伯爵的班属。

就在1576年,约翰可能是因为某事个人名誉受损,使他无法再在议会里露面,而纹章部部长设计的矛与鹰的徽章也没有颁发下来。莎士比亚大概没有能读完文法学校,他的父亲负了债,他不得不开始自己谋生。

1579年,莎士比亚已经15岁了,他脑子里塞满了拉丁文的文法。他也学会了做笔,知道怎样才能干净利落地用笔刀将鹅羽削去,再用舌头把笔尖浸湿,让它柔软。他还学会了写字时要坐姿标准才不会把眼睛搞坏,同时他也学会了忍受长时间的辛苦工作。

1582 年 11 月的一天,威廉·莎士比亚结婚了,他的妻子安·哈思维比他大 8 岁,来自一个受人尊敬的富裕农民家庭。莎士比亚的婚事也许称不上明智,但他们两家早有婚约在先。伊丽莎白时的教会法对婚约是看得很严肃的,它几乎具有与婚礼相同的约束力。莎士比亚倘已有婚约却另娶,他就会被认为重婚,他的婚姻可能会被宗教法庭宣判为无效;若是已有婚约,却拒绝迎娶,他就可能被逐出教会。因此,莎士比亚必须如约完婚。

安·哈思维的父亲在她出嫁前一年去世,不过给她留了一笔嫁妆。未成年人定下婚约时,必先获得家长或监护人的同意才行。因此,老莎士比亚定然是准许了这门亲事的。

结婚仪式按正常方式进行,在宗教法庭举行。书记忙中出错,把新娘的名字写成"韦特利",而莎士比亚的名字竟拼成了"莎格士比亚"。

斯特拉福的习俗是长子须把新娘带回父母家里

住,莎士比亚也是这样做的。

第二年,他们的孩子就出世了,小女孩名叫苏珊娜。苏珊娜在斯特拉福并不是常见的名字,可是却深为清教徒所喜爱,他们认为孩子该取《圣经》上的名字。安的父亲在遗嘱里要求"简朴地埋葬",这是清教徒使用的言语,因而安的女儿取个清教徒的名字也并不奇怪。苏珊娜出生后2年,安又产下一男一女的双胞胎,分别取名为哈姆奈特与朱迪丝,此后他们就再无子女。很可能莎士比亚是此后一两年间离开斯特拉福的。

关于莎士比亚离开家乡的原因,有一种流传很广的说法,说是他偷猎了托马斯·路西爵士私人森林里的鹿,路西爵士惩罚他,于是他写了一首诗嘲讽路西爵士,这更触怒了路西爵士。路西爵士迫害他,他只好逃离家乡。但有学者经过考证,证明这个说法并不可靠。

莎士比亚离开家乡的确切原因也许已经无从考证了,但16世纪是文艺复兴时代,那个时代的精神是进取的、开放的，许多年轻人都不安于现状，想到外面的世界去寻找更广阔的天地。后来，莎士比亚在《维洛那二绅士》中借剧中人物凡伦丁之口这样说道：

> 不用劝我，亲爱的普洛丢斯。年轻人株守家园，见闻总是限于一隅。倘不是爱情把你锁系在你情人的温柔的眼波里，我倒很想请你跟我一块儿去见识见识外面的世界，那总比在家里无所事事，把青春消磨在懒散的无聊里好得多。

可以推测，莎士比亚正是带着这样的想法离开家乡自寻前程的。莎士比亚离开斯特拉福镇以后的最初两年是在哪儿度过的，目前尚没有可靠的材料能够证明。一种说法是他在外乡当教师，另一种说法是他跟一个流浪剧团走了，还有一种说法是他可能直接去了伦敦。

青年时期的莎士比亚属于常驻伦敦的一个大剧团，除了每年定期去各地演出外，大部分时间都在伦

敦工作。可是他不像别的演员在伦敦与妻儿同住,在将近20年的时间里,他都租屋居住。

许多人认为莎士比亚是在1588年抵达伦敦的。这一年的确是有特别的意义,因为英国海军打败了西班牙的无敌舰队,获得了无上的光荣。如果莎士比亚在这一年涉足伦敦,岂不也在艺术史上增添了一段美谈!不过莎士比亚抵达伦敦的确切日期实在不可考,现在所能确定的是,1592年时莎士比亚已经事业有成,成为一名成功的演员了。

女王时代的戏剧

莎士比亚挑了一个幸运的时机前往伦敦。他若早生 20 年，就会发现稿酬偏低，受人雇用的文人写的净是些幼稚的剧本。若是晚生了 20 年，他又会发现一般人对戏剧已经失去了兴趣。可是他来到伦敦，正逢戏院成就高潮的巨浪，他便乘浪直趋戏剧领域的巅峰。

莎士比亚初抵伦敦时，伦敦仍与乔叟（约 1343—1400 年，英国诗人）时期的那个中世纪城市大致相同，没有多大改变。城墙依然是老样子，只是交通更发达了，当局只好另开一扇可以通往北面田野的新门，叫作摩尔门。昔日修道院的旧址改建成了住家、网球场，甚至于工厂；伦敦桥畔美丽的小教堂变成了仓库。

伦敦唯一的崭新公众建筑是皇家交易所。这个建筑是为了商人们在恶劣天气里不必在街上遭受风吹雨打而建的,占地广大,楼上回廊里设有百十来家小店。起先免费出租,只要商人在店中点起灯,进满货就行。但伦敦城扩展太快,不到10年的光景,每家小铺就得付4英镑的年租了。

这儿有药剂师、金匠、书商、盔甲商和玻璃器皿商等。这座乔叟时期的城市,现在遭到人口日益膨胀、人们活动日趋频繁的压力。自从安特卫普(比利时北部城市)失陷后,伦敦取而代之成为欧洲的商业和宗教中心,13年间,伦敦的外国人口增加了一倍。莎士比亚就是来到了这样的伦敦。

在伊丽莎白时期的舞台上演戏,并不容易。一个演员需要经过长期辛勤的磨炼才有可能在大城市的剧团里挑大梁。他们在室外架起的戏台上,就着午后炫目的阳光,在没有任何辅助设备的情况下却要真刀真枪凭真本事表演击剑、舞蹈和空中飞人等。

伦敦剧团里许多人都是从小练就的功夫,莎士比亚二十多岁时才进入这一行业,如果不是凭着天赋异禀及勤练不辍,是根本无法成功的。到 1592 年时,演员莎士比亚已经声名鹊起,并被专业人士评为"极优秀的演员"。

伦敦著名剧团演出的节目里起码有半数是特技表演。特技训练对演员来说非常有用,因为一般伦敦的舞台都有高低不同层,有关战争和围城的戏码是观众最爱看的,上层舞台用来做城墙和楼塔,一个演员必须学会如何从城塔上摔下,既不摔伤自己,又不弄坏昂贵的戏服。

几乎所有戏码里都有打斗,在表演短兵相接的肉搏时,演员们更需要有精湛的技巧才行。普通的伦敦人都是斗剑专家,他们可不愿意花了钱来看剧本上明明说是要拼出个你死我活来,而台上却是两个脓包在练花把式。

一个像莎士比亚这样的青年演员,必须长时间辛苦地勤练伊丽莎白时代的剑术。他必须学会一手握

着一把又长又重的剑,另一手则持着匕首;他必须学会在近距离以手腕和前臂做一连串的适时而凶猛的刺杀,或者对准对方的眼睛,或者他的胸肋之下。演员要想达到伊丽莎白时期真正决斗中的狠劲,又不伤了自己和对手,该需要多么高度的训练和身体的配合!

伦敦观众还喜欢看到血腥的死亡和断手断脚的暴力场景,因此,如何把剑戳进演员的脑袋,或把他的肚肠拉出来,却不妨碍他在次日下午还能继续表演,这实在令剧团费尽心思,特别是演员们就在光天化日下表演给观众看,无法藏拙。伊丽莎白时期的舞台很注意舞台效果,若是剧本需要血流五步,那就得给观众看到真的血。

他们由经验得知,牛血太浓稠,流不动,因此通常使用羊血。演员在白皮短上衣之内藏有血囊,血囊也可能涂成和皮肤一样的颜色,被刺破后,演员适时地弯下身,鲜血便非常令人满意地喷涌而出。通常演员们会使用带有机关、可以伸缩的假剑,有时候也以真剑上场,这时演员就必须佩戴护板。有次一个耍戏法的,酒后上场表演,忘了戴护板,结果被刺身亡。有的剧有开膛破腹的情节,剧务人员会准备几小瓶的血,以及羊的心、肝、肺。演员们就在大白天里,为挑剔的观众演出掏心挖肺的好戏。

除了力求逼真之外,另外一个考验演员体能控驭能力的是舞蹈。除了写入剧情中的舞蹈之外,戏终时也有舞蹈。这时期的舞蹈动作激猛而戏剧化。伦敦的舞蹈学校里教的是些复杂的舞步以及把舞伴高举在空中的套路。

除开所有这些不谈,一个小演员或是初出道的演员,一个下午要应付好几个角色的演出。即使是个大剧团,演员也很少超过12个,更请不起临时演员。戏词短或是压根儿没戏词的角色就得忙着赶场,不断地换穿戏装,好扮演不同的角色。伦敦的戏剧界,可不是手无缚鸡之力的人待得住的。由此可见,莎士比亚一定有副强壮、结实的体魄。

伊丽莎白时期的演员还必须具备一副好嗓子。当时的剧本中充满了动作,然而真正抓住并带动着观

众情绪的并非身体上的行动,而是台词。观众必须用耳朵倾听,才能看明白各场故事发生的所在、诸演员们的情感、剧本中的诗句和高潮等。更重要的,演员清一色是男人和童子,因此特别需要很好地说出所扮演女角们的台词,才能更真切有效地营造出爱恋缠绵的气氛。

伊丽莎白时期的观众对于演员所使用的词汇,极易动容。他们看多了,因此能够敏捷地抓住确切的含义,完全领会其中的乐趣。

莎士比亚初来伦敦时,剧本台词多在句尾要求演员特别加重声音,这样演员便可从容地在固定的间歇里换气。可是在以后的10年里,如此的写作方式越来越显得拘泥古板了,于是一种精致柔巧的无韵诗取而代之,而使这种新的写作方式得以推广运用的最大功臣便是莎士比亚。

当时演戏,采用的是选定剧目的方式,没有哪出戏会连演2天。伊丽莎白时期的演员要记住自己的台词可不是件容易的事。记不住台词的演员在这种竞争激烈的行业里就别想待久了,因为抱着演员梦的总比圆了演员梦的人多,即使你已经隶属于大剧团,也仍然有被炒鱿鱼的可能。

即使演艺界的对头也不得不承认,有些演员们"庄重、审慎、有很高的学识和修养,是老实的艺人,并是邻居们眼中的好市民"。

这个描述正是莎士比亚所在剧团的最好写照,他们安静地过活,勤奋地工作,不涉足酒馆,也不呼喝闹事,只把光芒留给舞台。

一个演员若是在伦敦城里站不住脚,他可以去参加乡间剧团,那里水平较低。也可以出国去跑码头,英国演员在国外很吃香,二流的班底加上蹩脚的装备,也能在法兰克福市集里造成轰动,让男男女女争先恐后地赶去看。莎士比亚能够在伦敦舞台上屹立40年,可以看出他是当之无愧的专业人士。

由演员到创作

　　莎士比亚毕生都在伦敦舞台上表演,何以会这样说?从他历年在戏剧界的名头便可知一二了。自1592年他成了一名成功的演员之后,1598年,他被列为"主要喜剧演员"之一;到了1603年,他被列入"主要悲剧演员"之列;1608年,他仍在演出。

　　莎士比亚当然比不得那个时代的最著名的演员那般光耀夺目,但他对人类的了解,却远在同时代的其他演员之上。看过他表演的观众,都无法从他扮演的角色中推知他真正的性格与内涵。

　　按常理来说,像莎士比亚这样忙碌的演员是没有时间写剧本的。早上给排演占去了,下午要正式演出,有时晚上还要做特别的表演,一年一度的各地巡回演出就更不用说了。现代的作家或许会觉得有了专门的职业还想兼顾写作,这简直是不可思议。可是伊丽莎白时期的人可没有耐心等候一个作家如躺在产床酝酿生产一样,花去大把时间写出几行东西,然后再花上将近一年的时间来修改、润色。一位剧作家花了5星期写一个剧本,就被人讥讽挖苦得不成样子。

莎士比亚在戏院的20年的写戏生涯里,一共写了不到40出戏剧,在数量方面算不上惊人,但在质的方面却令人叹为观止。

与同时期的剧作家相比,莎士比亚的演员身份使他更占优势。单纯的剧作家通常照班主的要求写下剧本,然后到一个安静的场所里去试读。试读若是通过,剧作家收了钱就算大功告成。许多作家都是不看自己所写的戏剧的。这一类作家无法得知自己的作品对受众在感情上会造成什么样的影响,因而很多剧作家的作品时至今日已经不为人们所接受了。

莎士比亚则不然,他本身是名演员,自己的剧本演出时他随时在场。他可以从演出者的角度确实了

解到剧本所能达到的效果,他能从与观众密切接触中获得特别的职业性了解。这是使他的艺术生命在历经三百多年后仍旧鲜活的主要原因!

莎士比亚早期的剧作并不出色,但是看得出他在带动观众情绪方面的技巧已经相当成熟。当然,年轻时期的莎士比亚自然没有功力写出像《哈姆雷特》这样的剧本。他早期最成功、轰动的剧作,依当时的记载来判断,是《亨利六世》的上、中、下3个连续剧本,这3个剧本完成于1590—1591年间。

《亨利六世》是古老的历史题材,讲述的是亨利五世去世后,他年幼的儿子继位,使英国陷入了派别纷争的局面。它也讲述了法国反抗英国统治者的战争、法国皇子在兰斯的加冕礼,以及圣女贞德取得的一系列重大胜利等。

当时,英国的历史剧作十分流行,观众在学校里都未读过历史,都急于知道自己所在的王国的事迹。玫瑰战争〔1455—1485年英国封建贵族间争夺王位之战。因交战一方兰加斯特家族的族徽为红玫瑰,另一方约克家族的族徽为白玫瑰,故名。前者代表经济较落后的北方大贵族的利益,后者得到经济较发达的南方封建主和新贵族的支持。经过 30 年混战,英国社会经济遭受严重破坏。1461 年,王位曾由兰加斯特家族(王朝)转入约克家族(王朝)。1485 年,兰加斯特家族的远亲亨利·都铎夺得王位(称"亨利七世"),建立都铎王朝,战争结束]自然是青年作家看中的好题材,可以借此提醒观众,能够在稳定的都铎王朝的统治下过日子是何等的福分! 下一次,若再有伦敦人反对付给国王特别经费或与西班牙交战的花费时,他们就应该被提醒:在亨利六世这个昏君的统治下日子更惨。

莎士比亚对玫瑰战争并不比他的观众知道的多,不过倒有好几本史书可供他参考,其中最合时宜的是英格兰、爱尔兰、苏格兰的《编年史》,这便是当时标准的英国史。这 3 本书售价昂贵,但却是莎士比亚历史剧的主要根据。

虽然该题材很有吸引力,但只有充满自信的青年才敢选取,也只有对戏院的表演和观众十分了解的创

作者才能获得圆满的成功。

题材的纷杂众多有时难免扼制了戏剧的正常发展，不过整体而言，莎士比亚总能巧妙地处理作品中的重要场面，使观众的胸中充满着热烈的爱国情绪。

这连续3出剧本中的第一出里，出现了一个英雄式的人物——约翰·塔尔博爵士。

塔尔博是英国贵族，他击败贞德率领的法军，却因得不到支援，死于背信弃义的法国人之手，临死时，他仍双臂紧拥着已死的儿子。他说了一段话，这是由莎士比亚带头使用的一长串悲壮的话，使得观众随着这个大武士的灵魂升天而呜咽饮泣：

> ……我的朋友们，只要你们能像我一样肯硬拼，敌人即便拿下我们，也得付出沉重的代价。上帝跟圣乔治、塔尔博跟英格兰的权力，在这场恶斗中，把我们的旗帜举得更高吧！

现代的读者或许对莎士比亚剧中表现出的对贞德的不敬表示不解,甚至对她几近滑稽的个性的描写会感到吃惊,可是16世纪的英国人都认为她是一个狡诈的村姑、一个精力过剩的丫头,因为魔鬼附身才得以打败英勇的英国人。

这出戏于1592年3月在玫瑰戏院演出,一整季里吸引了无数热情的观众。剧作中有许多攻城略地的情节,莎士比亚因而尽情使用所有的舞台配备,让演员们如空中飞人般在舞台中跳上跳下,又让贞德爬上很少使用的楼塔顶端,去扑灭一把火炬。他甚至要演员自高耸的"阳台"上纵身跃下来逃亡。

在《亨利六世》的第2部戏里,莎士比亚就减少了很多战争、游行的场面,可是他也没有忘记观众喜欢特殊效果。他使用了3层的舞台,让幽灵自暗门里出来,和阳台上的伯爵夫人见面,并利用雷声以掩盖暗门道具启动时可能会发出的声响。他同时使用了好几个假头,在上面挤上些牛血,增加逼真效果。其中一个角色的无头的身躯还上到舞

台来回走动。

在这第 2 出戏里,莎士比亚对于史实和时间仍然大而化之。这出戏里约有 50 个角色,爵爷、贵妇、市政官、市民、兵士等还不算在内,因此每个演员都得演上好几个角色,剧情的进行需要仔细铺排。若史实不幸碍着实际的舞台需要,就只有委屈史实啦!

在第 3 出戏中,约克公爵被杀之前,敌人做了顶纸冠给他戴在头上。公爵又慷慨激昂地说了一段话,是特别针对玛格丽特女王这匹"法国雌狼"的。这番话义正词严地从公爵嘴里流泻而出,越说声调越高亢,最后于高潮后戛然而止:

噢!虎狼之心原包藏在一个妇人的皮囊之内!

约克公爵在舞台上咆哮着,台下的观众看得兴致盎然,这句话必定是家喻户晓。这出戏由一位伯爵的剧团演出,这个伯爵手下的剧团只在那一时期露了一下面,接着就不见了。莎士比亚这时可能不只为一个剧团写剧本。

《亨利六世》的这3出戏是个野心勃勃的青年的青涩之作,在用字方面颇不考究,可是大体言之,受克里斯托弗·马洛影响较深。

克里斯托弗·马洛对英国戏剧的贡献首先是他发明的无韵诗。他的无韵诗气势宏伟,激情昂扬,充满力度。这种戏剧诗体最大限度地适应了文艺复兴时期蓬勃奋发的时代精神。例如,在他的代表作《帖木儿大帝》中,当帖木儿的爱妻泽诺克丽特将死之时,悲痛欲绝的帖木儿高叫道:

> 把大地砍斫,让它裂成两半,
>
> 我们要闯进魔鬼居住的宫殿,
>
> 一把揪住命运三女神的头发,
>
> 把她们丢进地狱的三道壕沟里,
>
> 她们夺走了我心爱的泽诺克丽特。

　　这种充满激情、具有巨大感染力的无韵诗体深深地吸引了年轻的莎士比亚。在他最早写的历史剧《亨利六世》中，弱小的安夫人面对杀害亲夫的理查时，爆发出了仇恨的诗句，有着同样的激情和力度：

　　　　　啊，上帝呀！你造了他的血就该为他复仇；

　　　　　啊，大地呀！你吸了他的血就该为他申冤；

　　　　　或是让天公用雷电击死这个杀人犯，

　　　　　或是让大地裂开大口把他立刻吞没。

　　马洛的另一个重要贡献是在戏剧舞台上塑造了一系列震撼人心的"巨人"形象，例如他的《帖木儿大帝》和《浮士德博士的悲剧》中的帖木儿大帝和浮士德博士，都具有坚强的个性和旺盛的生命力，他们渴望认识一切、征服一切，他们身上体现了文艺复兴时代的时代精神。后来莎士比亚继承并发扬了马洛的传统，在剧中塑造了更多、更富有时代特征的"巨人"

性格。

莎士比亚对舞台上的机关装置十分着迷,他清楚演员们能够怎样使用它们,而他敢于大量取用《编年史》作为题材,勇气也十分可嘉。这三出在当年的伦敦戏院中令人叫好的剧作,在今日却已经没有演出价值了。

1592 年,伦敦爆发了一场大瘟疫。9 月,议会所颁布了瘟疫令,所有戏院全部关闭,直到 1594 年才再度开放。

第二章 女王时代的莎翁

大瘟疫时期的戏剧创作

1592 年对于伦敦来说是十分不寻常的一年,这一年瘟疫肆虐最严重的时候,一周就夺去了上千名伦敦人的生命。瘟疫发生的一整年里,伦敦议会都在抨击戏院。市长和参事们就向大主教抱怨,请求协助拯救城中青年,因为他们的言行举止受到舞台上淫荡、亵渎表演的影响。

5 月底,个别地区发生学徒暴动,议会立刻归咎于戏院的邪恶教导。瘟疫令颁行之后,伦敦城除宗教集会外,所有集会完全禁止。

这场瘟疫与莎士比亚出生那年所发生的相同,是伦敦的常客了。可能是伦敦的病鼠引起的鼠疫,使得被传染的人死时会四肢发黑,全身脓血,惨不忍睹,因

此又被人们称为黑死病。每次死亡人数超过某一特定数目时,瘟疫令就要颁行一次。染病的人家要隔离20天,户长每天要清洗自家附近的街道2次,坟墓要掘到6英尺(1英尺等于12英寸,合0.3048米)深,各教区都有2名谨慎的妇人来替隔离的人家采买或护理,医学院也指派了一些医生,专门处理瘟疫病人。不过,人总是有不认真对待差事的恶习,所以,"谨慎"的妇人并不总是谨慎的,而坟墓也不一定都掘到6英尺深,于是瘟疫总是一波波地死灰复燃。

当时,一位聪明、可爱的伦敦市民建议当局学习德国的市政规划,以政府税收为百姓修建通风良好、附带独立厕所与小院落的住宅,然后将原来肮脏臭秽的巷道夷平,改建成开阔的庭院,这样全城就再也不会发生瘟疫了。但伦敦议会并没有把这位市民的忠告当回事儿,认为这是痴人说梦。因为瘟疫的起因早已有了说法,伦敦的一位教士不是说得很清楚嘛:"瘟疫缘起于罪恶……罪恶的缘起则是戏剧,所以瘟疫缘起于戏剧。"

　　伦敦戏院事业要两年后才能再恢复正常,演员们现在只有去流浪了,巡游的演员们不敢冒险演出新剧,因此新剧在这两年中很少出笼。至于旧戏也缩减不少,一来由于城外的村野观众不懂伦敦人的隐喻,二来剧团变小,演员身兼多个角色,分身乏术。

　　为了壮大声势,渡过难关,有些剧团便合并了。许多剧团把珍藏的剧本卖给印刷商人,这在平常是绝不可能的,因为这种让别的剧团看到了自己戏码内容的做法会减少来看戏的观众。大瘟疫期间,剧本待求出售的情形特别多。1592年只出版了4出剧本,但是两年后,出版的剧本陡然增加到二十多部。在这些出版的剧本中,有许多是内容混乱、颇多讹误的,显然是演员们凭记忆重新拼凑所成,而记忆不及之处,则或是杜撰,或是张冠李戴地移入别剧中的台词。不管怎样,有现成的剧本总比什么都没有要好。

　　这时期的很多大剧作家们都由于时运不济而相继凋零了。他们有的终结了自己的写作生涯;有的戏剧化地殒殁了;有的费了九牛二虎之力,在宫中谋得

一份差事,过着了无生趣的生活。

除莎士比亚外,硕果仅存的剧作家就剩曾经盛行一时的《西班牙的悲剧》一剧的作者托马斯·基德和托马斯·纳什两人了。新剧既然无市场,纳什于1593年就只出了1部著作,似是而非地说些瘟疫是罪恶之惩罚的话。

在这场瘟疫期间,伦敦所有正常的戏剧活动都呈现静止状态,是通俗剧作家换个方式试笔的最佳良机,尤其如果这个作家踌躇满志,要想博得更高层知识分子的赞赏的话。

莎士比亚这一时期有一出《泰特斯·安德洛尼克斯》非常成功。观众为它的暴力、嗜血的场面喝彩叫好:

剧本一开始就是血腥的杀戮。罗马大将军泰特斯战胜哥特人凯旋,带着他那些在战争中丧生的儿子们的骨骸,也带着包括哥特女王在内的一群战俘。为了安慰逝去的儿子们的在天之灵,他不顾哥特女王的苦苦哀求,将女王的长子烧死了……整出戏就在这样惨烈的场面下开场了。

现代读者面对如此的杀人流血狂潮，必会以为莎士比亚一味取悦观众的低级趣味，竟至迷失了本性。其实恰恰相反，莎士比亚是遵照那时古典戏剧的最佳标准，而尝试写下了这部壮丽的罗马史。

莎士比亚时代的伦敦是英国的文学都城，受到来自四面八方的文学影响。较乔叟晚生2个世纪的莎士比亚，可比乔叟幸运多了，他有许多新典范可资仿效，同时还试用各种方式进行创作。试过以罗马悲剧方式来写《泰特斯·安德洛尼克斯》之后，莎士比亚又试写罗马喜剧《错中错》。莎士比亚的《错中错》竭力依正确的罗马喜剧模式而写。剧情在固定的布景上展开，而且莎士比亚严格遵守传统的"三一律"（规定剧本情节、地点和时间三者必须完整一致，即每剧限于单一的故事情节，事件发生在一个地点并于一天内完成，故名），所有的情节皆于一天当中，发生在小亚细亚的一处古城。

莎士比亚模仿的技巧相当高明。伊丽莎白时期

戏剧的典型特征是全剧充满了双关语。莎士比亚对于文字游戏一直兴致勃勃,而他的观众也在语言艺术里久久熏陶,因此在听到繁义暗指的笑话时,立刻便能爆出满堂喝彩。

后来,莎士比亚又尝试了另一种方式的写作。1594 年,他使用了当时时髦作家喜欢采用的夸饰的特色,写下了《爱的徒劳》。莎士比亚的喜剧与真正的法国历史无关,但他的主角却是波旁王朝第一代法国国王:

一开始,国王和 3 个贵族大臣发誓要清心寡欲,拒绝一切物质享受,不近女色。可是当美丽的法国公主和她的侍女们来到宫廷后,他们就把誓言忘得一干二净,争先恐后地向她们求爱。但由于他们缺少真实的感情,法国公主把他们训斥一番以后离去。

莎士比亚借这部剧讽刺了宫廷贵族的虚伪爱情观。

在《爱的徒劳》里,莎士比亚终于证明了自己在写作方面无所不能,而且表现优异。这部作品合度、活泼，它无意让人以严肃的眼光来估量它。莎士比亚玩着文字游戏，愉快地模仿着当时的各种文学时尚，从时髦文体到十四行诗，不一而足。剧中，他还描述了一群热心逗趣的业余演员，他们费尽心思地演一出戏，却惹得贵族观众不断地对他们轻笑嘲谑。

莎士比亚笔下活泼、喜爱调侃与嘲弄的青年贵族，以及快活、机智的贵族少女，首次在这出戏里出现，虽与日后他所写的相比显得较为老套，但他们不停地以文艺复兴时的观点来讨论爱的主题，却显现出生命的气息。莎士比亚也取用了罗马喜剧中常见的迂腐、武断、心胸狭隘的教师以及矜夸之士这两种角色，把它们用在剧中人身上。

《爱的徒劳》是出伦敦人的戏，是为懂得最流行的戏谑文辞的人所写的作品。莎士比亚之所以能够写出这出戏，是由于他一直在留神观察、倾听，并能进入贵族圈中。

当时的剧作家罗伯特·格林曾对莎士比亚进行

了猛烈的抨击。罗伯特·格林的一份名为《一个悔恨不已、只值一文钱的才子》的自白书,有这样一段话:

> 别相信他们(指演员们),他们当中有一只暴发户式的乌鸦,用我们的羽毛美化他自己,用一张演员的皮包藏起他的虎狼之心;他写了几句虚夸的无韵诗就自以为能同你们当中最优秀的作家比美;他是个地地道道的打杂工,却恬不知耻地以为英国只有他才能震撼舞台。

莎士比亚对自己的期许越来越高,《泰特斯·安德洛尼克斯》和《错中错》是他对古典创作方式的尝试。这场瘟疫给了他时间和机会,大约1592年底时,他写下了古典叙事长诗《维纳斯与阿多尼斯》。

在这出剧中,莎士比亚让贵为爱神的维纳斯也尝到了爱情的痛苦——

维纳斯爱上了塞浦路斯国王的儿子阿多尼斯,这是一位古希腊神话中最美的男子,甚至比奥林匹斯神都更为俊美。这位美少年喜爱打猎,但是很不幸的是他在一次狩猎中被野猪咬死。爱神维纳斯悲痛欲绝,她为寻找爱人的尸体,双脚都被石头和荆棘刺破。她下令在阿多尼斯流血的地方长出柔嫩的银莲花,在自己足迹留下血迹的地方长出鲜红的玫瑰花,这就是古希腊神话中将玫瑰花作为爱情象征的由来。伤心的爱神对人世间的爱情也下了诅咒,爱情也必充满了怀疑、伤痛、嫉妒,且听她如何诅咒世间的爱情:

你今既已丧命,那我可以预言一通:

从此以后,"爱"要永远有"忧愁"作随从;

它要永远有"嫉妒"来把它服侍供奉。

它虽以甜蜜始,却永远要以烦恼终。

凡情之所钟,永远要贵贱参差,高下难同,

因此,它的快乐永远要敌不过它的苦痛。

……

无可恐惧的时候,它却偏偏要恐惧,

最应疑虑的时候,它却又毫不疑虑;

它一方面仁慈,另一方面却又狠戾;

它好像最公平的时候,它就最诈欺;

它最驯顺热烈的时候,它就最桀骜冷酷;

它叫懦夫变得大胆,却叫勇士变成懦夫。

《维纳斯与阿多尼斯》古典之风浓郁,字词颇富文艺复兴时的韵味,通篇满是丰富的想象与旧式精雕细琢的词句,这是文艺复兴时期受过教育的读者最为欣赏的。

直至此时为止,莎士比亚的这些作品都算不得真正的写作。他的剧本都不是他的财产,它们属于付钱买下它们的剧团所有,是否会出版,也是随各剧团的具体情况而定。瘟疫结束后,首批出版的剧作都没有印上作者的姓名,也没有文学界的人士认真看待这些便宜的四开剧本。但《维纳斯与阿多尼斯》却全然不同,它是被当作艺术品来仔细设计的,并遵照最佳的范例严肃而精心写作而成。

这是莎士比亚作为一位青年诗人所写的第一部

诗作。一开始莎士比亚还来上一点拉丁引言，骄妄的语气颇为感人：

> 且任低俗的群众去赞赏低劣；
> 金发的阿波罗却将饮我以满杯的缪斯之泉。

《维纳斯与阿多尼斯》倘是士绅之作，可能根本就不会出版，因为上流人士的作品只以手抄方式流传，不会在书摊上售卖。莎士比亚可不一样，他可是急着要出书，结果他选了昔日斯特拉福的邻人，老亨利·菲尔德之子理查德·菲尔德来替他出版。

理查德·菲尔德有自己的印刷机，他还拥有希腊和希伯来文的活字装备，他是伦敦城内获准营业的二十几家主要印刷业者之一。他不只是替莎士比亚把诗印出来，并且是他的出版人。1593年4月，他与"伦敦书商－文具商－出版商公会"共同发表声明，他是《维纳斯与阿多尼斯》一书的拥有者。该书领有大主

教及公会理事之一所发的执照,同时,菲尔德还花了6便士,把他对这本书的所有权载入《出版家名册》中,这就相当于"版权所有"的通告了。

出版商付给作者的稿费视情形而定,他若觉得这是一笔赔本生意,作者便只能拿到几本免费的书而已,倘若是的确卖得很好的书,作者或许可以拿到40英镑的报酬。莎士比亚当时从菲尔德那里大约可以拿到2英镑,这已经算公道了,因为他还只是个无名小卒。

菲尔德所经手的一般类文学的书籍很少,他所出版的几乎全是有关神学的书、古代典籍和教科书,多半是学术方面的。《维纳斯与阿多尼斯》多少超出了菲尔德的印刷业务,不过他还是把莎士比亚的这首叙事诗在经仔细校对过后印成了精美的小册子。他还将其中的一些标题页贴在城里的每根柱子上。上面贴心地写着"该书可以在保罗教堂院落里购买"。

但菲尔德在保罗教堂院落里并没设零售书摊,因此只能委托给一位叫老约翰的书商代卖。老约翰是伦敦大印刷业者之一,有自己的书店。

"伦敦书商—文具商—出版商公会"是伦敦诸公会中业务推行最严格的公会之一,因为政府不容许鼓动叛乱的印刷品出现,稍有逾越常规的内容便即遭严厉禁止。公会有责任追查不法的印刷商,看他们是否在裁缝店里偷印,或将活字藏在附近的鸡舍里,同时公会还有责任将禁书放进办公厅的厨房里去焚烧。

公会的规矩由严密的组织执行,为首的是会长,其下有2个理事以及1个助理法庭,而会长可以说是印刷业者在公会里所能获得的最高职位了。老约翰代理《维纳斯与阿多尼斯》的售卖期间,曾两度担任会长之职。

诗人的恩主

在莎士比亚成就《维纳斯与阿多尼斯》的时代，每本书都需要有个赞助人，这样才好把书献给一位能给作者带来权威的人。经验丰富的作家可能在一本书里将好几个恩主都塞进去，第1页写着"本书献给A伯爵"，第2页可以再"献给B伯爵"，第3页还可以再"献给C伯爵"。这些献辞多半满怀盛情，极端恭敬。即使像托马斯·纳什这种并不屑拍马逢迎的人，在写给南安普敦伯爵的献辞里都有以下让人起鸡皮疙瘩的字眼：

我将予自己以新的头脑、新的才智、新的风格与新的灵魂，以传颂您的名姓于万世。

也不乏因南安普敦伯爵"优美的眼睛,那散发缪斯般光辉的天堂之灯"而胸中诗潮澎湃的作家。比起这些人来,莎士比亚的献辞就显得清醒、有尊严多了:

> 献给公正可敬的亨利·里奥谢思利,南安普敦伯爵。公正可敬的大人,我不知道将我粗野的诗篇呈献给您将是怎样的冒犯,也无法预测世人将如何谴责我,因为我竟选择这般坚牢的支柱来支撑这般轻弱的分量;但是,只要大人您高兴,那便是最高的赞赏,我当矢志善用所有的闲暇,以更慎重的努力来向您致敬……

从题词来看,莎士比亚和南安普敦伯爵私下并不相熟。他所以选择南安普敦做他的恩主,恐怕是因为《维纳斯与阿多尼斯》诗是一首情诗。此时的南安普敦伯爵才19岁,《维纳斯与阿多尼斯》富含感性的风格,应该是青年们所喜欢的类型。

南安普敦伯爵新入宫不久,孩提时期父母不和,父亲去世后留给他大笔财富。他由伯利伯爵抚养成人,曾就读于剑桥大学。毕业后本应娶伯利伯爵的孙女伊丽莎白·维厄小姐,但他称自己太年轻,此时结婚为时尚早。来到宫中以后,他又遭到一位仕女的拒绝,理由是他情绪很不稳定,容易癫痴。

19岁的南安普敦伯爵深得伊丽莎白女王的赏识,他穿上花边衣服,再佩上珠宝,真是一位翩翩公子。他是一小群可敬作家的恩主,他十分喜欢情诗,经过充分的学习,他也很懂得欣赏情诗。

当《维纳斯与阿多尼斯》被搬上舞台时,剧情颇为复杂,莎士比亚让女孩扮成男人去做她爱人的书童,后来在《第十二夜》中他又使用这一招,这是能制造连绵不绝的欢笑的一幕。《维纳斯与阿多尼斯》剧中有许多布局,其后均在《罗密欧与朱丽叶》中重现,如教士、索梯、遭受贬逐等。莎士比亚喜欢采用旧题材,甚至连自己用过的都不放过,他能善用旧剧、旧书为题材,且能善用、改进旧技巧而使情节更有境界。

《维纳斯与阿多尼斯》大获成功,莎士比亚有生之年共印行过 10 版。读者们捧着这本精美的小书读了又读,直至脱页也不愿丢弃。《维纳斯与阿多尼斯》成功之后,莎士比亚无疑是与南安普敦伯爵会过面了,而南安普敦伯爵一定也给了他一笔丰厚的赏赐,以表示对他诗作的欣赏,不然怎么称得上是恩主呢?

《维纳斯与阿多尼斯》发行后刚一年,莎士比亚便又向南安普敦伯爵献上了一首长诗——《鲁克丽丝受辱记》。第 2 篇献辞的语调就温暖、热络多了:

> 我呈献给阁下的爱是永无止境的,这本没有头绪的小书只表示其中盈溢出来的一小部分而已。

《鲁克丽丝受辱记》讲述的是罗马时期的故事:
路修斯·塔昆纽斯用凶残手段将其岳父塞维乌斯·图琉斯置于死地之后,又违反罗马的法律和常规,

不曾征得人民的同意,径自攫取了王位。后来,他率领诸王子和罗马其他贵族,去围攻阿狄亚城。

在攻城战役中,一天晚上,罗马众将领在王子塞克斯图斯·塔昆纽斯的营帐里聚会。晚饭后闲谈时,每人都夸耀自己夫人的美德,其中科拉廷更盛赞其妻鲁克丽丝贞淑无比。在这种愉快心情里,他们骑马向罗马疾驰,想借这次突然到达,来验证各自的夫人对这种赞誉是否当之无愧。结果他们发现,唯独科拉廷的妻子深夜仍率侍女纺织,其他贵妇则正在跳舞、饮宴或嬉游。于是众贵族一致承认了科拉廷的优胜,并肯定了他夫人的贤德之名。

这时,塞克斯图斯·塔昆纽斯已因鲁克丽丝的美貌而动心。不久,他就私自离开营地,来到科拉廷的城堡,凭借王子的身份,他受到了鲁克丽丝盛情的款待,并在城堡中留宿。当夜,他偷偷潜入鲁克丽丝的卧室污辱了她,而于翌日凌晨仓皇离去。

鲁克丽丝悲恸欲绝,火速派遣两名信差,其中一个到罗马去请她父亲,另一个到军营去请科拉廷。

　　鲁克丽丝的父亲和丈夫回到城堡后,发现鲁克丽丝披着丧服,便惊问她悲痛的原因。她首先叫他们立誓为她复仇,然后告诉了他们事情的经过,接着便猝然举刀自杀。在场的人们目睹这一惨变,便一致宣誓:要把十恶不赦的塔昆家族一举铲除。他们抬着鲁克丽丝的尸体来到罗马,将这一惨祸的祸首及其罪行告知人民,并严厉抨击国王的暴政。罗马人民怒不可遏,一致同意将塔昆家族的人全部放逐,政权遂由国王转入执政官之手。

　　在思想和艺术内涵上,一般评论家大都认为《鲁克丽丝受辱记》要比《维纳斯与阿多尼斯》略胜一筹。它们无疑都具有莎士比亚早期作品的一些共同特色。

　　《鲁克丽丝受辱记》对犯罪过程的详尽描述,对恐怖气氛的极力渲染,浓墨重彩,达到了登峰造极的程度,极富感官上的刺激,耸人视听的效果大概也是它当时广受欢迎的原因之一。

　　理查德·菲尔德这回没有出版《鲁克丽丝受辱记》。这份荣耀属于老约翰了,他显然发现了莎士比亚

的书会是很有价值的文学商品。

老约翰仍然让菲尔德把新书印出来,但却自己去申请了版权,于1594年5月9日,将《鲁克丽丝受辱记》登录于《出版家名册》之上。他同时还想以后归他出版《维纳斯与阿多尼斯》,并于次月与菲尔德达成协议,让后者将版权转让给他。

这两首诗的成功为莎士比亚招来了众人的羡慕与嫉妒。他的恩主既有钱又有影响力,同时还是地方上身份最尊贵的人。他的出版商又是行业里顶尖儿的要人,并且表现出对他作品的浓厚兴趣。此外,他开始获得评论家们同声的赞赏,尤其是他笔下的鲁克丽丝,被称为"非常值得颂赞的"。对于初出道的诗人来说,还能再要求什么呢!

但所有这些成就都阻挡不了莎士比亚继续做演员的决心,然而演员这一行对于他继续写作剧本实在不具有特别的激励作用。

普通剧本的作者能拿个6英镑就很了不起了,可是写一篇能让老约翰和南安普敦伯爵叫好的叙述诗则保证要比这些多得多。再说,诗人写剧本可赚不到什么名声,顶多得到一些毫无评议性的掌声罢了。然而一本经过好几版、印得漂漂亮亮的书则不只是赢得时人的称誉,更能使自己的名字流传下去。

1594年春可以说是莎士比亚写作生涯的转折点。《维纳斯与阿多尼斯》已经成功,而《鲁克丽丝受辱记》也正向成功迈进。

但是,倘若莎士比亚继续为南安普敦伯爵和伊丽莎白时代的上层读者写书,他那刻画角色的天赋便要遭到永久的埋没了。那些诗就像织造的锦缎,华美却毫无生命的气息。等到16世纪90年代末期,这种文艺复兴时期的诗作渐趋尾声,莎士比亚的作品也会随之销声匿迹,他会成为伊丽莎白时期的次要作者,他的作品只能吸引文学界的宿儒,对一般大众而言却毫无生命。

一个作家之所以能够成为大家,在于他有一种直觉,知道何时避开会毁灭他的陷阱。不论莎士比亚自

己知道与否,他的天才要依赖完全的写作自由才能发挥到极致。在这个世界上,莎士比亚比其他任何人都更需要空间,以让他能在无任何文学规则的阻碍和与文学专家琐碎的评论之下随心所欲地尝试创作。

南安普敦的狭窄圈子以及任何特别的文学流派都没有这样的空间任他发展,唯一能给予他这种自由的就是到伦敦戏院去看戏的寻常百姓。他们并不依据意大利的“三一律”,或是法国小说,或是英国上层人士在意的相称、合宜的原则来论断,而是全凭直觉和喜好来下评语。他们不愿把字句奉为主子,毕恭毕敬地依照最好的规则来安排。他们要把字句当作仆从来用,创作真实的人物与真实的情感。

1594年,戏院在瘟疫过后重新开张,莎士比亚义无反顾地抛弃了他在文坛上已有的成就,他再没有利用在南安普敦伯爵跟前所获得的地位,他也不再利用在老约翰那儿所建立起的身份,也没有再给过他任何的稿子。

他写过一些十四行诗,却不想印出来,直至 15 年后,这些诗才由一个既无店面又无印刷机的小人物,在未获授权的情况下擅印了一版。

此后,除了一首短诗外,莎士比亚所写的一切东西,都属于 1594 年时他所加入的剧团所有。这个班子控制着他所有剧本的版权,视情况而决定是否要出版,莎士比亚自己则满足于仅为剧团工作人员之一的身份。

莎士比亚至少有一方面很像他的父亲,一旦下定决心要做什么事情就一定坚持到底。像他这样完全献身于戏院,在伊丽莎白时期的作家里,岂止不寻常,简直就是闻所未闻。尤其像莎士比亚这样,短期内便在文坛上异军突起、光芒四射,就算不愿再写叙事诗,总也该为宫廷舞剧写写剧本,或者,他也可以像别的剧作家一样,写些在城里露天表演的历史剧,或为特别场合写些诗,或是写些恭维的诗,印在朋友书本的首页。如托马斯·海伍德,他在戏院里当演员时写了四十多年的剧本,也为了身

后的名声写些非剧本的作品,至于其他剧作家更是如此。

　　1594年春,一位年老的贵妇人去世时,有位作家便曾公开建议让《鲁克丽丝受辱记》的作者来为这位女士写挽歌。伊丽莎白女王驾崩,又有一位作家吁请莎士比亚为女王写首安魂歌。可莎士比亚什么也不写,他成了当时唯一一位为舞台,且仅为舞台写作的作家。

SHAKE-SPEARES

SONNETS.

Neuer before Imprinted.

AT LONDON
By G. Eld for T. T. and are
to be folde by william Aspley.
1609.

1609 年版莎士比亚十四行诗的封面

宫内大臣剧团

　　1594年春天,伦敦的瘟疫渐渐消歇了。当年,宫内大臣剧团成立,莎士比亚便加入进去,在该年宫廷的圣诞节表演中,他曾是接受酬劳的3位演员之一。

　　在以后的16年里,莎士比亚一直都待在这个剧团里。莎士比亚与团员们情同手足,就某一方面而言,他的这些艺人伙伴们使用的字句,也逐渐被运用到他的剧作中。最理想的状态是,他以剧作家的身份操纵着他的同仁们,并透过这个媒介向观众传递着情感。幸运的是,与他一起工作的这些人们都是能力高超又聪明灵巧的。

　　伊丽莎白时期的剧团,成员们荣辱与共、休戚相关,他们的财务情况完全依凭无私而透明的合作来维持。戏服、道具、剧本皆为团员共有,在莎士比亚所在的剧团中,甚至实行了一大创举,那就是共有戏院。

剧团里的人共同负担买戏服、剧本、租戏院、雇用售票员与其他助手的费用。票房收入于扣除演出费用之后,每星期分配给各团员。大家共同拥有财产而不发生纷争,所依赖的不是法律条款,而是友谊,各个演员必须心甘情愿地以团体福利为先,个人利益为次。在以后 10 年中,另一剧团的股东们唯一关心的只是金钱,他们费尽心思在许多条文上,结果两年不到就在纷攘的官司中关门大吉了。

除宫内大臣剧团外,另一个重要的戏院是弗朗西斯·兰利兴建的天鹅戏院。

莎士比亚在伦敦没有固定住处,因为他的太太和孩子都不在城里,后来他在城西的一户人家里租了一间屋子居住。总之,他是个伦敦城居民,定期纳税,却恐怕是团里唯一没有永久住处的人。

莎士比亚既然没有自己的家,大概也不可能有徒弟了,因为收徒弟是需要家里有个女人来操持的,师

娘会把徒弟们当成自己的孩子来抚养,莎士比亚无疑不具备这样的条件。

莎士比亚所在的剧团里的演员们原是最眷恋家庭的一群。团员们把这种爱家的感情和气氛也带到戏团里来,在遗嘱中彼此互赠财物,并相互指定为财产信托人,或遗嘱执行者,把孩子、徒弟相互托付。

就事业的眼光来看,一个剧团要在伦敦成功,大展宏图,单靠团员间深厚的情谊是不够的,还需要具有高度的职业水平。宫内大臣剧团中的很多演员们都是远近驰名的,当他们去世时,整个伦敦城都为他们哀伤,而其他演员们也都是光芒四射、富于魅力的。

莎士比亚的剧团还做了一件极重要的事情,那就是保持着莎士比亚原作的完整,最后又费心让它们全部出版。在那个时期里,没有哪个作家有这样的待遇,通常写于这时的剧本,有五分之三都遗失了。如果不是这些伙伴们,莎士比亚一定有许多剧本不是失落了,便是以讹误的版本而传世,因此,莎士比亚的剧本能够得以保存传世,实在应该感谢他的演员同仁们。

　　莎士比亚的职业生活轻松而愉快,他与世无争,也从未参与任何的文学争怨。与他同时代的一位爵士曾无限赞赏地称赞莎士比亚:

　　　　您没有怨责之心,却有着驾驭的智慧。

　　莎士比亚不喜"怨责",部分应归于他天生的好脾气和与生俱来的谦恭,这些为他换来了"温雅的莎士比亚"的封号。莎士比亚在剧院中工作了16年,在他所选择的这门艺术里,他几乎没有受到打压也没有摩擦,对于自己、自己的职业和自己的成果充满了信心。就职业而言,他真是个幸运的人,而与他同样幸运的,则是与他共事的人们。

　　当时唯一有关他曾参加伦敦一场戏院争吵的记载,出现在1596年的一份文件中,上面写着莎士比亚与另外3个人不得破坏和平,因为有个叫威廉的家伙作证说,莎士比亚和天鹅戏院的老板弗朗西斯·兰利

威胁过他,会让他"死亡或断手断脚"。从文件中可以看出来,这原先是兰利的纠纷,莎士比亚和兰利定然私交甚笃,才会介入他的纠纷里。不过两人并无业务上的往来,兰利在伦敦经营着他的新戏院,莎士比亚则做着自己的大牌演员。

宫内大臣剧团成立后不久,将《泰特斯·安德洛尼克斯》和一出《圣经》剧各演了2场。

《泰特斯·安德洛尼克斯》剧的出版者说该戏共有3个不同的剧团演出过,因此宫内大臣剧团便是第4个演出的剧团了,由此可见《泰特斯·安德洛尼克斯》剧历演不衰。此外《泰特斯·安德洛尼克斯》剧的出版商还依据相同的题材发行了一首歌谣,使得伦敦街头人人口中哼着"命运是我敌人"的调子,唱述着泰特斯的不幸。

献给女王的演出

当伦敦一切恢复正常,戏院的档期也排满了,一场场好戏纷纷登场。宫内大臣剧团决定使用十字钥匙客栈作为冬季表演场所,因为这家客栈所处的位置交通十分便利。市长与他的参事们都很不喜欢这家客栈被当成戏院使用,可是宫内大臣剧团的恩主可是女王的表亲,颇有使女王言听计从的魅力。

剧院答应伦敦市议会,演出在下午 2 点钟一定准时开锣,保证观众可以在天黑以前便回到家里,不会在街头巷尾吹吹打打做广告,更表示愿意将每日收益当中的一部分捐献给教区中的穷人。另外老板还提醒当局,他的演员若不在大众之前磨炼演技,圣诞节来临时,便无法在女王御前演出了。

关于戏院的问题,女王与伦敦市讨论的结果也是一样。女王要看戏,却不想花大钱养个御用的剧团,因此只有求助于民间的商业戏院。

数年前女王曾精选伦敦最好的演员,由她破例亲任赞助人,虽然这些演员钱拿得不多,特权却不少,到后来,城里每个剧团都自称是"女王的人"。瘟疫之后,女王班底不再重组,终女王余生,圣诞节戏剧季在宫中首演的荣耀俱由宫内大臣剧团获得。

在后世人的眼中或许认为这是理所应当的,因为有莎士比亚的关系,事实上,却是由于他们的恩主宫内大臣的关系。宫内大臣掌管王室日常生活中的一切,包括所有的宫廷娱乐,因为飨宴处便直属于宫内大臣权限之下。

为女王演出的日子定在12月的一天,布景、道具、戏服都得要演出的剧本决定之后才能着手安排,因此各剧团都得早早准备才行。

夏季里,宫里的飨宴官监督着把戏服和道具取出晾晒、揩干、刷净,做好财产目录,把工作室里的蛛网用长柄扫帚清扫干净以后,就开始传召各剧团前来。

饷宴官是个爽朗、文雅的人,他任这项职务已有 15 年了,饷宴处在他的经营之下已拥有极大的职权。他处理公务的地方共有 13 个房间供他使用。这里有花园、厨房、储藏室、马厩以及一间可作排演的大厅。

饷宴官为女王选剧本不是光听剧团介绍的,而是要根据他们实际演出的情形而定。演员们带着他们的乐师、道具和戏服前来,最后选出的那些剧本不用说一定是最好的,而且常常还须经过饷宴处官员们的细读、修改和订正。

1594 年,宫内大臣剧团有两出戏在饷宴官精挑细选之后在女王御前演出,酬劳是 20 镑,要到 3 月里,莎士比亚和他的同伴们才能收到这笔钱,付钱的方式十分烦琐。

圣诞节越来越近了,饷宴处也越来越紧张。这时所有其余的装备都得包装起来经由拥挤的泰晤士河运往格林尼治,因为这一年的圣诞节女王要在格林尼

治度过。

开演的日子正好也是圣史蒂芬节,表演在晚上10点钟左右开始,这是数月来辛苦工作的高潮时刻。格林尼治只是一个小小的夏日行宫,座位安排没有白厅宫正式,以后几年中,宫内大臣剧团的大部分戏都是在白厅宫里表演的。白厅宫有个大的宴会厅,就是为表演而建的。

演出开始前,说开场白的演员卖力地鼓动起现场的气氛,女王驾临之际,就是阅历最丰富的演员也禁不住要怯场。伊丽莎白女王是光芒万丈的太阳,整个英国都绕着她运转。平时最尊贵的爵爷们都要到她面前行跪礼,跪着对她说话,跪着同她玩牌。

她戴着光彩夺目的珠宝,受着万民的敬仰,就似英国诗人笔下神仙故事中的人物。

莎士比亚在女王御前演出时,伊丽莎白已是60岁开外,年轻时的容貌历经岁月的雕饰已经无从寻觅,只是她身姿依旧挺直,双手依旧柔美。虽然她脸上布满皱纹,头上戴着假发,牙齿也稀疏了,却还身着年轻女子的装束。3年后,法国大使初见伊丽莎白女王,觉得她是个自负而敏感的老太婆,可是几天后,他却不得不承认,她是个非常了不起的女王,几乎无所不知。

宫里的男人并不全都喜欢让一个女人来统治,特别是一个精明能干的女人,不过大多数的人对她又爱又怕。

伊丽莎白早就意识到要使向来纷攘不休、固执己见的国人臣服于自己,只有获取他们的爱戴一途。她比自己手下那些一心谄媚自己的王公大臣们更加费心地去取悦她的子民,她脸上经常荡漾着的微笑,如温暖的阳光。不过这不只是一种政策,在她漫长的一生当中,她对英国的强大确实投入了很多的精力。

女王本人就是诗人、音乐家、熟练的舞者。在女王面前献艺的人们,他们面对的是一个敏锐、有判断力,且对戏剧行业知之甚详的人。

伊丽莎白当然希望看到职业剧团高水平的演出,

尤其是付了他们戏服、道具等的费用,并给了他们 10 英镑的赏钱。而她也是个理想的戏迷,是个再好不过的观众了。她和伦敦市民的兴趣一样,喜欢的东西也相同。

伊丽莎白的母系来自中产阶级,她的曾外祖父是伦敦商人,伦敦人总觉得她既是"平民之后",也便是他们之中的一员。但伊丽莎白较她大部分的子民都博学得多,却从不以博学自居。

她通晓 6 国语言,以翻译著名政治家和演说家的作品来放松转个不停的脑子,并在"蠢笨的"枢密院"激怒"了她时,读些塞尼卡的东西来平静自己。

对于喜剧的口味,伊丽莎白也同她的子民一样,并不特别讲究,宫中虽然男女有别,礼数严格,却不妨碍她欣赏一点舞台上莎士比亚露骨的言辞。

伊丽莎白约有 28 名宫女,而宫中的男性倒有 1500 名之多,要随时留意着这些活泼又已达适婚年龄的年轻女孩的私生活,真是够她头大了。

莎士比亚在《皆大欢喜》中安排了很长的篇幅和复杂的情节来避免主角在他的喜剧里发生不道德的恋情,这完全是依照伊丽莎白时期的剧作家的正常规矩行事。这种局面要到下一任国王继位以后才有改观。

像宫内大臣剧团这样成功的戏团,常会有人邀请他们做特别演出。演出通常在晚上,以免影响了日间的节目。如果是个非常重要的场合,就选择在下午演出,譬如恩主宫内大臣要款待某位大使时的演出。

只要遇有特别庆典,伊丽莎白的子民自然而然就想到演戏,因为这是他们最爱的消遣。屋子若不够大,大可租他一间房来使用,在其一端建起台架便可。这样的特别表演,演员的收入特别好,他们主要的花费是在戏服、道具的装运上。像这种私下演出不会有新剧出现的。为了婚庆,可能会编写舞剧,这种舞剧中有故事、有舞蹈,很适合婚庆欢乐的氛围。

一出戏若不在观众面前实际演出,效果绝对无法

预估,因而伦敦各剧团除了将新戏在观众面前试演之外,别无他法。上演新戏是冒险的投资,若是眼光错误,便得彼此承担损失。但是试演成功的新戏便会成为固定戏目之一,会在晚间的特别表演中登场。因此,伊丽莎白女王所观赏的戏码皆是寻常的伦敦戏迷喝过彩的。

在女王御前演出或为私人团体表演固然重要,但各剧团的主要营生是每日下午的固定演出。所演的戏码有已经占有一席之地的老戏,也有花下大把时间、精力和金钱试演的新戏。

新戏上场自然不能每次都获成功,因为戏剧表演的效果是不稳定的,即使经过历练的戏剧界人士也无法在剧本上演以前确定它是否受欢迎。

16世纪末,意大利式小说已经显得有些过时了,可是莎士比亚并不力求要走在文学运动的前沿。他并不是革新派,在他的创作生涯里,他都选择旧式的故事作为自己剧作的蓝本,而不盲从他的同行们正从事的似是而非的创新。

第三章

名誉与恩宠

《罗密欧与朱丽叶》

读过莎士比亚作品的人,哪怕只是浮光掠影粗浅地浏览,也会为其中丰富多样的词汇拍手叫绝。与莎士比亚同时代的文学家和剧作家的词汇范围都是狭小的,而莎士比亚却把当时的语言范围开拓得更加宽广,风俗、习惯、祝贺方式、服饰特点、运动、竞技、艺术、手艺、家具、战斗用的盔甲、法律、学校、大自然、天文、占星、魔法、信仰等,无不体现在莎士比亚的语言世界里。英国文学语言中的很多词汇都是由莎士比亚率先引入的。

这位伟大的剧作家不但从生活中汲取养料,有时候他本人还经常凭空创造一些新词。

16 世纪 90 年代中期,莎士比亚在宫内大臣剧团

成立不久时写了一出极为成功的剧本,那就是以意大利小说为蓝本的《罗密欧与朱丽叶》。如往常一般,他脑子里构思的是个古老的故事,这也是他与当时大部分剧作家唯一不同之处——从不利用当代的生活作为剧情。在《罗密欧与朱丽叶》剧里,莎士比亚用的不仅是老故事,而且还是家喻户晓的故事:

出身蒙太古家族的罗密欧与出身凯普莱特家族的朱丽叶在舞会上一见钟情,但两个大家族有世仇,经常发生械斗。两个有情人在得知对方身世后,为了能永远在一起,便约定双双殉情。朱丽叶先服假毒,罗密欧以为恋人已死,便果断自尽。朱丽叶醒来时发现罗密欧自尽,也追随而逝。

罗密欧与朱丽叶的故事追根溯源,是来自意大利的民间传说,意大利文艺复兴时期的一位小说家创作了《罗密欧与朱丽叶》,后来作品被搬上舞台,一位叫阿瑟·布鲁克的青年看过之后感触甚深,因而写下了一首《罗密欧与朱丽叶的悲惨故事》的诗,被威廉·彭特收在他的故事集里。彭特是军械部一名军官,闲时搜集、翻译一些意大利作品作为消遣。

身为作家，莎士比亚最叫人摸不透也是最了不起的一点，是他在选择题材时丝毫没有认为自己高高在上而瞧不起别人作品的想法。他仔细而留心地阅读布鲁克的诗，想根据它来写一部严肃的悲剧。布鲁克的风格幼稚浅俗，连文学水平比莎士比亚低很多的人看了都会跳脚，但莎士比亚偏能不温不火地从那里寻求灵感。

布鲁克的诗除了风格拙劣之外，另一个叫现代读者厌恶透顶的，是他总是如影随形地要给读者一个教训才满意，这也是伊丽莎白时代的作品最爱搞的一套。而将布鲁克的作品翻译成英文的人也是如此，他之所以翻译罗密欧与朱丽叶这段不被接受的爱情故事，是因为它能教导读人们"如何避免淫乱的欲望与放荡的心志所带来的毁灭、覆亡、不便和烦恼"。而布鲁克操的心更多：

　　……一对不幸的恋人……罔顾父母的训示

　　和朋友的劝告,却与饶舌的醉鬼和迷信的教士去共商大事……滥用合法的婚姻之名,试图掩盖秘密的婚约之耻,最后,终因淫乱的生活而双双赴死。

　　莎士比亚的眼睛略过了所有这些对"罪恶"的惩罚,只看到布鲁克"双双赴死"的字眼。他没有就罪恶和惩罚来做文章,却写了一出因匆忙而造成的悲剧。剧中人物的悲剧缺陷是他们都太匆忙,莎士比亚将原来的故事略加更改来强调这一点。他把故事的行动由数月减为一周之内,在这风风火火的一星期里,一切急速地绽放,又急速地凋谢了。

　　布鲁克的朱丽叶是16岁,而莎士比亚笔下的朱丽叶却只有14岁,而且她对罗密欧的爱情迅烈如闪电,当她爱上罗密欧之后,原先顺从的城主之女学会了思考现有的生活,怀疑起自己和恋人尊贵姓氏的现实意义:

姓不姓蒙太古有什么关系呢？

它又不是手，又不是脚，又不是手臂，又不是脸，

又不是身体上任何其他部分。

啊！换一个姓名吧！姓名本来是没有意义的，

我们叫作玫瑰的一种花，

要是换个名字，它的香味还是同样芬芳。

布鲁克几乎未对角色做任何的刻画，对于朱丽叶的乳媪，则让她就照顾朱丽叶一事，做了连他自己都觉得生厌的长篇叙述。莎士比亚则让这个逗笑的角色做了一番陈述，观众爆发出的阵阵欢笑从首演之日起一直持续到今天。

莎士比亚用通俗的散文形式写序言，妙笔生辉；表现两大家族的世仇时，充分利用了整个舞台的空间；刻画人物性格时寥寥数语便将人物性格清晰展现。在布鲁克的诗里，两个小情人在舞会中静静地握

着手,默默地坐着,莎士比亚则让他们说了一首十四行诗。全剧自始至终浸润在爱情的场景里,为了这些优美动人的情节,莎士比亚都倚重言辞而非动作。这无疑会是一出引人入胜的戏,莎士比亚的作品里字字句句饱含着激情。

身为演员,难得莎士比亚能以稳静、宽忍的谦虚,在许多蹩脚的戏里演出,而丝毫不减他对戏剧的热诚。他的剧团一年大概要推出 15 出新戏,莎士比亚是固定团员,自然免不了要在其中露面。这些戏不会全是好戏,由现存的少数几出来看,根本就差劲透了。例如,莎士比亚的《李尔王》在宫廷首次上演时,宫内大臣剧团也另有一出《恶魔的契约》同时在宫廷里演出,《恶魔的契约》剧中的角色异乎寻常地多,莎士比亚想躲都躲不掉。一个演员倘若觉得剧本配不上他,那还谈什么排练呢?但莎士比亚却以一位优秀的专业演员的谦逊和专注积极协助排练,使演出能够成功。后来,《恶魔的契约》的作者小心地把自己的剧本印了出来,但这幼稚的通俗剧和《李尔王》比起来真有天壤之别,但莎士比亚却丝毫不受别人剧本的幼稚与粗俗的影响,毅然挎刀出演。

赫明格和康德尔处理莎士比亚手稿达20年之久,对他的写作习惯有所了解,他们称莎士比亚是个高效率的作家:"他的手、脑同行并进,说与写同样畅通,我们难得收到他有涂抹的稿子。"也就是说,莎士比亚先把一切在脑海里想过以后,才把它写在纸上。所幸莎士比亚具备先在自己脑袋里完善一切的能力,否则他的职业岂能容他花费漫长的余暇去勾勾抹抹、字斟句酌?

对于普通剧作家来说,剧本完成以后,通常是由作者对聚集一堂的剧团成员们宣读,看他们是否要买。莎士比亚已是风靡伦敦的剧作家之一,这一程序就可以免了。一般的作家收了钱交了货,一切就完成了,但对莎士比亚而言,任务才刚刚开始,他要设法把文字转换到舞台上去,使它们具有生命。

《罗密欧与朱丽叶》的角色分配无须费事,团里

的演员们对彼此的工作十分熟稔,他们没有个人的野心,纯粹从团体的优异表现着眼。因为印刷商人的错误,有一页《罗密欧与朱丽叶》剧的演员表得以保留下来了,上面写着威尔·甘普饰演朱丽叶的乳媪的仆人彼得。在该剧中最好的滑稽角色自然是朱丽叶的乳媪一角,而她的仆人彼得只有几句台词而已。甘普是当时最著名的滑稽角儿,可是宫内大臣剧团却没有明星制度,只让甘普饰演他们认为最适合他的角色。

伊丽莎白时代的人并不认为演员角色是定型的,因此,不要以为莎士比亚演的都是高贵的角色,而且当年他也没有今日的声名,他像团里的每个人一样,扮演对整体演出最有利的角色。灵巧而多变的演出是优秀剧团的根本,而宫内大臣剧团正属于这种剧团。

主要的角色分配妥当了,次要的角色像市民、宾客什么的,可以由一人分饰两角解决,万一人手仍然不够,还可雇用临时演员,酬劳是一天1先令。

近代作家常为莎士比亚剧中没有女演员饰演女角而感到遗憾,更为要由一个童子来扮演朱丽叶而叫屈。其实这种遗憾之感完全没有必要,因为伊丽莎白时期的童子教养方式和现在不同。当时的社会并不觉得男子写写诗、弹弹琴、身着丝绸、佩挂珠宝、涂抹香水等行为是娘娘腔。特别是男孩,更可以和女人一般。一直到清教兴起之后,人们才认为男人和女人的生活方式应该截然不同。可是在莎士比亚所处的时代,剧团里的男童却十分明了什么会惹年轻女子笑,什么又会让她们哭。

宫内大臣剧团若同其他剧团一般,便也应拥有许多道具。然而《罗密欧与朱丽叶》倒不需要什么道具,只要一些容易取用的就行,像朱丽叶的乳媪带上场的索梯、劳伦斯教士的篮子以及罗密欧用的铁棍等,另外还要安排一张给朱丽叶的床以及一处凯普莱特家的墓穴。宫内大臣剧团在《泰特斯·安德洛尼克斯》一剧里已经用过墓穴,不过观众们可不会喜欢两次都看到相同的墓穴,因此必须改装一番。

《罗密欧与朱丽叶》演出时,宫内大臣剧团没打

算使用逼真的布景,因为各景变换频繁,真配上景物,反倒减缓了行动的进展。再说,训练有素的观众也无须这样的协助。罗密欧和朋友们与持火炬的人一起进场时,观众便晓得这是街上,他正要去参加凯普莱特家的舞会。等这群演员离开,另一批演员手臂托着餐巾上场,观众们立刻便知晓场景改变为凯普莱特家里,这里正在准备舞会。

曾经有人取笑这样的舞台技巧太过拙劣,实在低估了观众的想象力。莎士比亚却从来都不曾低估过观众的想象力,他明白观众的想象能够更快、更有效地建起凯普莱特的屋宇。当他想让站在午后的阳光中的观众觉得,戏台上的一对恋人其实是在夜晚的果园里时,他便转而借助诗歌的魔法和力量,而他面对的是全世界受过最精良训练的观众,他们一边听着罗密欧的声音,一边也感受到了洒在果树顶端的月光。

直到此时为止,宫内大臣剧团都没有什么大开销,可是上演新戏时,置装费用却是免不了的。演员们穿的是当时舞台上的时装,华丽的戏服会给人遥远、传奇的感觉,因而戏服在任何剧团里都是一笔大开支。

　　宫内大臣剧团当然不会每演一场就置办全套的新戏装,他们手边一定有大批行头,稍稍用点心思改装一下,便可使旧戏服焕然一新。对于龙套演员来说,旧戏服可以一用再用,直到再也不能用了为止。但是在主角身上就不能这样节省了,更何况罗密欧和朱丽叶都是贵族,穿戴岂能有失身份呢!虽然用粗棉布一类便宜的料子也可以撑挺戏服,但观众瞧得见的,所以必须使用缎子、丝绒和丝绸,而且它们的颜色必须鲜艳抢眼,同时还有着惹人遐思的名字,像什么豌沙黄、啄鸟蓝。一部戏里花在 2 个女主角身上的丝绸就有 9 英镑,这是一个临时演员要 30 个星期才赚得到的。

　　伊丽莎白时代剪裁的基本概念,几乎是衣服的剪裁仿佛与穿衣者无关。不论男女老少都拼着老命束成极窄的纤腰,垫出个大大的屁股和宽阔的肩膀,许多男人甚至穿上紧身袖,以达到希望的效果。

紧身衣则坚挺到穿者几乎弯不了身。至于缝制戏服的师傅,似乎认定了让演员觉得越麻烦、越不舒服、花费越大越好。他们会大量使用棉花、马尾、谷壳或是破布来为顾客们缝制当时流行的凸胀款式。至于如何把这样僵硬的衣服与决斗场面中的激烈动作配合在一起,那就是演员自己的问题了。不过,不论戏服的制作如何麻烦,罗密欧的服装还是会制作妥当,穿起来既帅气,又尽可以在决斗中拼个你死我活。

戏服都是经过烦琐的缚系束接才能穿上身,因而要想迅速换装,并非易事。像长筒袜连在紧身衣上,斗篷要用暗索在腋下绑着才能披在肩上等。女人的戏服由于需要大量的大头针,更是繁复至极,她们衣服的各部分可以分开,以便能够很好地进行色彩组合,就连大头针都有大裙针、中裙针等划分。伊丽莎白时代的衣服除了不是裁剪给人穿的之外,还经不起天气的变化,遇着大雨突降就是世界末日了,脖颈处用来装饰的笔挺的硬浆被雨水溶去,就只余下一圈糨糊粘在脖子上。再加上印染的技术还不完善,鲜艳夺目的色彩经大雨一淋,真是惨不忍睹。

最后的花费便是做广告了。广告印在单页纸上,叫作"戏单",在城里各处可能会招徕观众的地方张贴。通常一出戏印制多少戏单如今已无从考证,只知一名剑客举办一场私下的比斗,定制了百份以上的传单作为宣传。

一出新戏总会吸引大批观众,因此不必选在假日的黄金档来上演。剧团花个 30 先令制个丝旗,悬在角楼上,表示新剧开演啦。剧场里卖饮料、水果的都准备了大量物资,收费人员也都各就各位,号手则等着说开场白的人暗示下来,全戏就正式上场。

伊丽莎白时的戏剧演出,并不力求给观众出其不意的观感。假使观众进入戏院时还不知道《罗密欧与朱丽叶》究竟说的是一个什么故事,说开场白的人自会令你满意。接着 2 个扮演凯普莱特家里人的小角色持剑带盾上场,演出正式开始。

《罗密欧与朱丽叶》一经演出,立刻大获成功,人人都喜欢它,年轻人更是痴迷,因为它把他们对爱情的梦想化成了诗。16 世纪 90 年代末期有个讽刺家,讥嘲伦敦各式各样的狂爱《罗密欧与朱丽叶》的年轻戏迷"言之无物,只有朱丽叶和罗密欧"。那一时期的青年们在自己的嘉言集录里记下了许多剧中的诗句。在英国后来出版的《英国诗文集》中,收录《罗密欧与朱丽叶》剧的诗句之多,远超过引录自莎士比亚其他剧本里的诗。

《罗密欧与朱丽叶》的成功,部分由于精巧的舞台技术和优美明晰的台词,然而全剧最大的魅力却在角色的描摹刻画上。在英国舞台上,还不曾出现过像莎士比亚这样才气纵横的人,能够塑造出栩栩如生的人物。他在早期剧本中已偶尔显示出这种迹象,但却要到加入宫内大臣剧团后,才开始在舞台上塑造一系列逼真的人物,不只令当时的人惊叹激赏,即便现代的读者和观众也叹赏不止。这种刻画角色的气势力量自然早已蛰伏在他体内,但是若无有利条件,则永远也无法开花结果。饰演罗密欧与朱丽叶的演员,如果辜负了他的期望,他还会有心再继续写《哈姆雷特》和《李尔王》吗?

莎士比亚获得团里人员的关切、支持,不仅止于《罗密欧与朱丽叶》剧。不论哪一出剧,他都得到剧作家所最需要的——团员们灵巧和谐的演出。即使在吃力不讨好的历史剧里,莎士比亚也能在战争和号角声中让观众见到活灵活现的人物。

多产时期

这时,莎士比亚也还在写着喜剧,他的技巧日趋纯熟,已渐趋上乘,最后终能臻于化境。他替宫内大臣剧团写的首出浪漫喜剧是《维洛那二绅士》,其中他用心探讨爱与友情的主题,从舞台效果来看,这出戏是莎士比亚的败笔,而他本人必然也意识到了这一点。

莎士比亚的很多部剧作都是以威尼斯为背景,1596 年,他还写了一部浪漫喜剧《威尼斯商人》:

威尼斯富商安东尼奥为了成全好友巴萨尼奥与鲍西娅的婚事,向犹太人夏洛克借债。

由于安东尼奥贷款给人从不要利息,并帮夏洛克的女儿私奔,怀恨在心的夏洛克趁机报复,佯装也不要利息,但若逾期不还,便要从安东尼奥身上割下 1

磅肉。

这时恰逢安东尼奥的商船失事,资金周转不灵,安东尼奥无力偿还贷款。夏洛克去法庭控告安东尼奥。

为救安东尼奥的性命,鲍西娅假扮律师出庭,她答应夏洛克的要求,但要求所割的1磅肉必须正好是1磅,不能多也不能少,更不准流血。夏洛克因无法执行而败诉。

再度以想象之城作为梦幻般的背景,因此威尼斯和维洛那的绅士一样不真实。更与实际不符的,是剧中人讨论高利贷的方式,事实上放高利贷的情形,在伦敦和在威尼斯一样普遍。伊丽莎白登基之初虽曾敕令放高利贷是罪行,但也规定一分的利息为合法。莎士比亚的观众中有半数的人,就在以高利放款或贷款为生,他们很明白《威尼斯商人》只是民俗剧,与当前经济状况无关,白白放款给别人才是傻子呢!

莎士比亚对放高利贷的夏洛克一角的描述也不能当真。这只是民间的看法,莎士比亚本人从没见到

过真正的犹太人。中世纪时,他们已经全被逐出英国,法律严禁他们再在英国出现。也许夏洛克之罪不在他的种族出身,而在他的宗教信仰。当夏洛克的女儿说到"我将因我丈夫而获救,他已经把我变成了基督徒"时,在观众的眼中,她是可以被接受的。

莎士比亚在伦敦唯一可能遇见的犹太人,皆是希伯来族,且已受洗为基督徒,然而其中应没有能作为夏洛克原型的人。莎士比亚的角色塑造,应源于中世纪基督徒的传统思想。这种思想根深蒂固,连大作家也未能免俗,如乔叟笔下的犹太人是以杀害基督徒小男孩为日常行径之一的罪人,马洛《马耳他的犹太人》里的巴拉巴斯欲图毒毙整城的基督徒,结果被丢进滚锅中,大快了观众的心。虽然莎士比亚描述的是民间的形象,但他能刻画出有血有肉的真实的人。当观众希望看到一个单纯、逗趣的坏蛋时,莎士比亚就给了他们一位夏洛克:

我是个犹太人,难道犹太人就没有眼睛?

难道犹太人就没有手、器官、身体、感觉、感情、热情……如果你戳我们，难道我们不流血？

《威尼斯商人》中有各式各样的素材，并非依据一条主线而处理，这一特点在现代观众眼中尤其显得散漫。但是莎士比亚却能将另一群分歧各异的角色变成一出完美的《仲夏夜之梦》。

这出戏里，他的手法利落，且在无意间改变了观众对仙人的形象。在莎士比亚之前，神仙都是满怀恶意的、住在泥土中的乡村小人儿，而莎士比亚却让他们居住在花丛之中。

《仲夏夜之梦》是莎士比亚青春时代最后一部也是最为成熟的喜剧作品，同时也是莎士比亚最著名的喜剧之一。整部戏情调轻松，总的来说就是一个"乱点鸳鸯谱"的故事。这部戏所包含的，只是纯净的快乐，中间也掠过一丝爱情所固有的烦恼，但也是加以欢乐化、喜剧化的。

《亨利四世》

　　《亨利四世》大约在 1596 年首演，分为上下 2 篇，取材于《编年史》和一部叫《亨利五世的辉煌胜利》的旧剧。

　　《亨利四世》是莎士比亚历史剧中最成功、最受欢迎的一部，被看成莎士比亚历史剧的代表作。这出剧的主要内容是反映亨利四世和他的王子们与反叛的诸侯贵族进行殊死斗争的过程。莎士比亚突破传统历史剧多条线索交织发展的网状结构，采用了两条线索平行发展的结构——以亨利四世为代表的宫廷生活线索和以福斯塔夫为代表的市井生活线索。剧中轻松、平庸、充满恶作剧的快乐的市井生活与紧张、复杂、充满流血阴谋的宫廷生活形成强烈对比，使作品的内容不仅散发着浓厚的生活气息,而且具有一定的历史深度。

剧中最有光彩的人物是福斯塔夫,他的出现总是伴随着令人发笑的喜剧性场面。就出身说,他是一个破落的封建贵族——爵士,福斯塔夫身上带有浓厚的封建贵族生活的特点:好酒贪杯,纵情声色。他是军人,却缺少一个封建骑士的荣誉观念和勇敢。同时,他生活在从封建社会向近代市民社会过渡的时期,他没有新兴市民阶级的进取心,却染上了他们的愉快乐观和自我享受的特点,他利用拍马、吹牛、逗笑、取乐来谋取生活。莎士比亚通过一系列难忘的喜剧场面,塑造出这样一个从封建社会向市民社会过渡时期的寄生者的典型。

作为莎剧中塑造得最出色的人物之一的福斯塔夫,历来被认为是"英国文学中最伟大的喜剧性格"。

《亨利四世》这出戏问世时所展示的时代背景,正是16世纪英国封建王朝即将解体、新兴资产阶级竭力夺取和维护新的统治权,各种社会力量之间的矛盾

错综复杂的时期。福斯塔夫虽不能做乱世枭雄,却也不甘寂寞。他上蹿下跳,处处逞能,丑态百出地扮演了一具活宝式的陪衬角色,成为病态社会中怪胎式的畸形产物。

莎士比亚无愧于世界文坛上的天才艺术家的称号。只有像他这样一位出身低微,洞悉病态社会弊端,熟谙各类丑角的杰出大师,才能挥舞大家手笔塑造出这样一个古灵精怪的混世魔王,使其成为世界文学人物画廊中不朽的典型,这是莎士比亚的艺术的精妙所在。

1598年9月,有个牛津大学毕业生出版了一本书,在书中他列举了莎士比亚除《亨利六世》以外的所有作品,虽然他还列出了许多其他的剧作家,但他独独挑选了莎士比亚来大加赞赏:

缪斯女神若说英文,也会以莎士比亚精雕细琢的言辞来讲话。

贵族剧作家

16 世纪末,英国经济不景气,连年苦雨和歉收并非主因。自从英国歼灭了西班牙无敌舰队开始,民间税负便越来越重,物价不断爬升,工资与租金却远远落后。等到粮食也告短缺,枢密院所能做的,就是建议伦敦市民少吃几口罢了。

依靠顾客的消遣花费而生存的伦敦各剧团自然受到影响。1596 年 7 月,宫内大臣剧团的第一任赞助人亨斯顿伯爵亨利·凯里去世,更使剧院遭受重击。伦敦市长立即抓住机会对演员们大加贬责压迫,新剧本在伦敦逐渐失去了市场。

不过,莎士比亚的剧团仍然在女王御前献演了所有的 6 出戏。到了次年,宫内大臣之职又回到亨斯顿

家族手中,由亨利·凯里的儿子乔治·凯里接手,剧团
的前途又稍见曙光。《罗密欧与朱丽叶》便于此期间
上演。

新宫内大臣尽管同情演员,伦敦市长仍不放弃任
何拯救伦敦免于罪恶沉沦的机会。他与市府参事联
合写了一封长信给枢密院,列举演员所带来的各种灾
难,说那些戏剧是使青年堕落的因素,内容都是些不
洁之事与邪暴的演出。从当时清教徒的眼光来看,《罗
密欧与朱丽叶》倒是很符合这个描述。此外,他们认
为三教九流拥入剧院,拉走了上教堂的人和本应该在
工作的学徒与仆役。

这封措辞强悍的信件,究竟是否对枢密院发生了
影响,不得而知。就在这封信送出去当天,枢密院便发
布了一道政府命令,命伦敦城内所有戏剧停演,将所
有的戏院夷为平地。

枢密院关心的,倒不是《罗密欧与朱丽叶》会败
坏青年人的心志,而是担心戏院可能会散播叛国的思
想。有人密报,一个新成立的剧团在天鹅戏院上演的

一出《犬岛》中有非常叛逆的毁谤与煽动,因而有3名演员即刻下狱。这出戏的作者本·琼森与托马斯·纳什早已脚底抹油,他们的寓所被大肆搜检,以期能发现更多可疑的作品。不过最终,二人还是没能逃过英国政府的追捕。

纳什一度围绕在马洛和格林四周,是那群老派、易冲动而文采斐然的大学士中硕果仅存的一个。他仍然像大学生般调皮,喜好嘲讽挖苦。纳什说,他只写了《犬岛》的序言和第一幕,其余的皆出自一位二十多岁的演员本·琼森之手。琼森方才参战回来,情绪不稳,急于"演而优则写"。琼森自监狱释放后,继续剧本的写作,其中许多拔尖的好戏是为宫内大臣剧团所写的。

莎士比亚离家的十几年里,他在斯特拉福的家为了土地问题,他两度与人对簿公堂。打官司也是伊丽莎白时期的常事儿,那个年代应该很少有哪家是没上过法院的。莎士比亚的父亲约翰一生当中打过的几次官司多半是与债务有关,有赢也有输,但是他妻子

继承土地一事却发生了纠纷。

几场失败的官司下来后,家里又发生了更令约翰心碎的不幸。他的小孙子,也是莎士比亚唯一的儿子,于 1596 年 8 月不幸夭亡,此时他父亲的剧团正在肯特一个镇上演出。

孙子离去之后,约翰在他余下的 5 年里过得平静无波。他那从事为人鄙视的戏剧业的长子也越来越富有、越来越受人尊敬起来,他与日俱增的光芒甚至映照到斯特拉福莎士比亚家的门楣上。

儿子为家庭带来荣耀起于爱孙发生不幸那年。10 月的一天,伦敦的纹章部又为约翰·莎士比亚绘制了新的徽章,约翰正式成为贵族,可以确定的是,这件事是出于他儿子的安排。约翰所接受的徽章其实是20 年前所设计的,美观而简单,徽章上端的饰章上有展翅银鹰栖于银色花环之上,并擎着长矛。以后,莎士比亚家的后人就可以把这个徽章刻在戒指、图章、房屋、器皿、衣服、墓碑及纪念碑上,以示荣耀了。

约翰·莎士比亚过世后,他的儿子威廉·莎士比

莎士比亚家族徽章

亚继承他,成为莎士比亚家族的绅士。这时,针对莎士比亚家人是否适合颁予徽章这件事在纹章部起了争执。徽章的颁发本身并无不妥,只是部里的官员们彼此不和,于是有位叫布鲁克的官员便借题发挥,认为"演员莎士比亚"不配得徽章,而且莎士比亚家的徽章也与某位爵士的徽章太相似。

有两个官员对布鲁克提出的问题进行研究,最后认定颁赐徽章给约翰·莎士比亚并无不当,因为"其人曾任埃文河畔斯特拉福之市政官,并娶妻亚登家族后裔,兼又颇富资产"。

为莎士比亚家辩护的两个高级官员之一是纹章部部长威廉·康登。他在文学界颇负盛名,所写的《大英帝国》一书在英国评价甚高。由于康登常以拉丁文著述,因此在欧洲大陆的声名更高于国内。康登非常赞赏莎士比亚的文才,他曾列举当代诗人,始于锡德尼和斯宾塞,止于威廉·莎士比亚。康登是当时既认识斯特拉福的莎士比亚一家,又与身在伦敦的莎士比亚相识的少数人之一。

获得徽章后不到一年,斯特拉福的莎士比亚家又朝显赫之途迈了一大步。1597 年 5 月 4 日,威廉·莎士比亚买下了城里第二大的房子。

新宅不只是一栋房子而已,它是一个家族在斯特拉福的地位象征,这幢房子坐落在市政教堂的对面。原先的屋主是一位爵士,曾一度任伦敦市长,他建这幢大屋是做养老之用,当地的教堂里还留有老爵士家的专门座席。

新宅有 1 座古老花园、1 个果园和 2 个谷仓。它的主人在当地无疑是拥有着崇高地位的。但老爵士离世之后,这座宅子已是年久失修,也许就是这个原因,莎士比亚才能以 60 英镑的低价买下来,尤其斯特拉福经过 2 场大火后,像样的房子已经没有几栋。

在斯特拉福,莎士比亚名下寥寥可数的房产记录之一是 1598 年全英国所做的调查,要看看有多少大屋是掌握在私人手中。斯特拉福每一个大屋屋主都上了报告,包括"新宅"的主人在内。

枢密院的重令雷声大雨点小,伦敦并无哪家戏院被夷平,倒是戏剧演出真的中止了一段时间,所有的剧团只得纷纷移往别处巡回演出。不过这时的莎士比亚心中更加惦念的却是他的新居。

1598 年,琼森为宫内大臣剧团以新方式写了一部讽刺喜剧《人人高兴》,由于伦敦的文学气氛已经改变,这部戏立时大获成功。莎士比亚与宫内大臣剧团中的其他骨干演员共同领衔演出了这部喜剧,使得琼森能与莎士比亚密切接触。这也开始了他和莎士比亚之间虽长久却波澜起伏的情谊。

莎士比亚是少数未曾公开与琼森争吵过的作家之一,不过私下里两人对于剧本写作也有不同的观点。莎士比亚认为世上的人何必要个个相同呢,而琼森则决不容许有异象存在。琼森曾受学院教育,确认正确的写诗方式,是先以散文写下意念。莎士比亚下笔奔腾,显然从未在意过这些文字上的规则。为此,琼森尖酸刻薄地批评莎士比亚"那般快速地流泻,有时真该堵他一下"。莎士比亚的演员同伴们盛赞莎士比亚送来的剧本,字里行间几乎找不到涂抹之处,对此琼森更是不愿置信:"他早涂过一千处了。"

不过,两人尽管有着各方面的分歧,琼森却敬爱莎士比亚,把他称为"我敬爱的人"。狂傲的琼森并不是会轻易付出感情的人,但他却对莎士比亚流露出自己的情感:

> 我爱他(莎士比亚),敬重他的声名,如其他任何人一样地尊崇他。

莎翁的剧院

　　1607 年，莎士比亚的一位朋友、戏院班主兼演员老詹姆士·伯比奇的剧院因产权纠纷闹得正紧，无法营业。老詹姆士于是物色了一座旧戏院，斥资数百英镑重建，如果一切顺利的话，他将成为英国第一位把有屋顶与室内照明设备的厅堂改建成公共戏院的人，从而成为戏院建筑方面的先锋。

　　可惜的是，老詹姆士的戏院选在较高的山坡上，那里是一处极其排外的住宅区，他的戏院整天敲敲打打扰了当地人的清静。就在戏院快完工的时候，当地居民向枢密院提出了诉讼，于是枢密院下令老詹姆士不得在这一带兴建公共戏院。不到2 个月，老詹姆士便抑郁而逝，留下两个儿子——卡思伯特·伯比奇和理查德·伯比奇——继续为戏院奋斗。

卡思伯特和理查德也不肯轻易放弃戏院的建设，但戏院的拆卸、重建所费不菲。兄弟俩遂向包括莎士比亚在内的5位值得信赖的人请求经济上的援助。这又是一项创举，因为从来没有人请一群演员共同出资建造戏院的。

经过商议，这7个人决定组织董事会，认购股份，共襄盛举。伯比奇兄弟掌握新戏院的一半利益，另5位演员则掌握另一半的利益，因此莎士比亚也就掌有全部股份的十分之一。接下来的问题是去哪儿寻得一处土地来建戏院，它必须靠近伦敦，观众才好在天黑前赶回家，但是又不能在伦敦市的管辖之内。

他们选中的戏院所在地在泰晤士河附近，又不属于伦敦市管辖，附近有块垃圾场，当地多沼泽，需经填实才能利用。这片土地的主人是伦敦一名律师，他答应以每年14英镑又10先令的价格将这块地出租31年，伯比奇兄弟和莎士比亚等人于圣诞节时正式成为

新地的主人。

圣诞节过后3天,卡思伯特和理查德带领着经验老到的伦敦木匠师傅等一干人,开始拆迁老詹姆士尚未完工的戏院。

拆下的木头等建材,由泰晤士河运往戏院新址。当时英国木材稀少而价昂,由老詹姆士戏院拆下的都是厚重、有价值的木材,这给伯比奇兄弟和莎士比亚等人省下不少钱。不过他们仍须在新址构建新地基,添置材料,付木匠和泥水师傅工资,总共约400英镑,尽管这样,比起新建一座戏院也要便宜太多了。这儿所有的运渠网都流于泰晤士河,渠中水位依潮汐而起落。照剧作家琼森的说法,新戏院是"强建于沼泽之中"。戏院的广场需要重新铺砌,不然遇上大雨,戏院就报废了。

重新拼建的戏院,在设计上并无重大改变,不过,木匠师傅在这个建筑中采用了所有最新的技巧,使得建成的戏院能带给观众最大的舒适感,也给演员带来了更多的方便。

戏服存放的空间可能扩大了许多,而且也装置了最便利的后台机关布置。舞台还设计了一套暗门,这样《麦克白》里的3个幽灵才能现身,其中一道暗门在舞台下必定还有驻脚台,这样理查德·伯比奇才能跳进奥菲莉娅的坟墓里,使观众为之感动。戏院屋顶处也有复杂的机关,可以在《李尔王》中制造雷击与闪电的效果。

董事会把这座新戏院命名为"环球",他们的徽标是希腊神话中的大力士海格力斯双肩擎着地球。起先戏院后头有条街,叫布兰德租借街,戏院建好后,人们开始称之为"环球街"。莎士比亚只分摊付给布兰德租金的十分之一,但在布兰德的诸位律师眼中,似乎认为莎士比亚是董事会中的要员,在一份当地的财产调查中,董事会被称为"威廉·莎士比亚与其余者"。

戏院建设工程进度很快,1599年夏季之前戏院已经完工,可以再做公演了。它是全伦敦最漂亮的戏院,与近邻上将剧团的戏院相比,简直占尽了上风。

上将剧团见局势对自己不利,便立即又建起了一座新的财富戏院。"上将"的班主与曾经负责"环球"建筑工程的师傅在合约里约定,几乎全部的工程细节皆与"河岸边新建的剧院"相同,甚至连舞台的大小都和"环球"一样,只是将圆柱改成了方柱,上端雕着区别于"环球"的半人半羊的森林神像。而两个戏院的最大不同在于,"环球"是圆形的,"财富"则是方形的,这是一种新尝试。

"财富"建在城市北郊,虽也吸引了一批北边居民,但不容置疑的,"环球"仍是当地最好的戏院。它被那一代人称为"河岸之光",而从那时起,莎士比亚的剧全都在那里演出。

最先在"环球"表演的一些戏剧中,有一出是《裘力斯·恺撒》,有个德国观光客与朋友们越渡了泰晤士河来到环球戏院看到了这场极好的演出。

这位德国观光客不谙英语,但对表演结束时演员们的群舞却印象深刻。他对全英国戏院内的座位安排深表赞同,因为在这座戏院里,每位观众都能有良好的视线。对于在天井中花一便士就可获得的站票、花较高票价可获得的最舒服的有垫座椅以及表演途中小食、饮料的售卖,这名观光客都非常喜欢,同时他对演员们绚丽的服饰也赞赏不已。

莎士比亚在《裘力斯·恺撒》里尝试了一些新的东西。他的剧情多来源于廉价小说或旧剧,《裘力斯·恺撒》是他根据布鲁塔克的古典巨著《希腊罗马名人传》而写的一系列剧本中的第一部。布鲁塔克曾大受文艺复兴时期人们的推崇,但莎士比亚对于他那种只能阅读不能排演的戏剧可没胃口,他所以阅读布鲁塔克倒不是出于尊崇,而是为了剧情带给他的快乐。

与他写其他大部分剧本相比,莎士比亚在写《裘力斯·恺撒》时速度较慢,也比较审慎留心。他似乎极力想试验以古典的驾驭方式来进行创作,结果还是没讨得那个顽固的古典派作家琼森的欢心。琼森还为《裘力斯·恺撒》着实气恼了许多年。

《裘力斯·恺撒》中有个角色说:"恺撒,你错待我

了。"恺撒则回道:"恺撒犯错,向来都有正当理由。"琼森为此热血冲顶,说那简直是"鬼扯"。莎士比亚后来出版该剧本时,虽把恼人的这两句删除了,琼森仍旧余愠未消。琼森认为在处理角色时要合逻辑,他不认为独裁者会不顾道理、逻辑这一套。直到 20 世纪,历史证明了莎士比亚对独裁者的描述是正确的。

琼森的角色都经过了细密思考的过滤,他的诗也先经过散文的过滤。莎士比亚恰恰相反,他的角色从不过滤,似乎都诞生于雷霆万钧的直觉。他能描绘出并未亲见的想象国度里的情景,就好像他原就出生在那里一样。

1599 年,宫内大臣剧团又演出了琼森第 2 出喜剧《人人扫兴》,观众并不喜欢,倒是印成书后反应很好,暴躁的琼森一口咬定这种现象归因于《人人扫兴》过于写实。他说观众不喜欢"就近与自己熟悉的当代发生关联"的剧本,却喜欢"公爵爱上公爵夫人,公爵夫人却爱上公爵之子,公爵之子又爱上公爵夫人的侍女这样的连环追求,再加上小丑和仆役"的剧情。

　　琼森所说的这种缺乏真实剧情的歌剧式作品,在当时伦敦舞台上非常普遍。就如莎士比亚此时所写的包括《第十二夜》在内的一连串浪漫喜剧里就挤满了公爵、公爵夫人和逗趣的仆役,并且接二连三发生连环大追逐的情节;这些故事莎士比亚仍然是以让琼森跳脚的欠缺尊严、随遇而安的态度创作的,取材于低俗小说。

　　《第十二夜》是莎士比亚早期喜剧创作的终结,它以抒情的笔调和浪漫的喜剧形式歌颂了莎翁对充满人文主义的爱情及友谊的美好理想。它与《仲夏夜之梦》《威尼斯商人》《皆大欢喜》并称为"莎士比亚四大喜剧"。

　　在剧情设计上,莎士比亚并不反对在剧中让女子穿着男装,或让流放之人藏身森林等布局,他那神奇的双手可以轻而易举地托起这些劣等的材料,将它们恰到好处地融入喜剧和爱情故事的艺术光芒里。莎士比亚与观众之间的这种亲密关系,是琼森这种重秩序的脑袋所不能理解的,他只能黯然

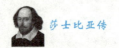

神伤：

> 这只野兽，这批群众……对于正确而恰当的
> 事物一点也不爱。离理性与可能性越远，他们就
> 越认为好。

"环球"创建之初，莎士比亚所写的另一出历史剧
《亨利五世》于当年夏季演出。亨利五世是英国历史
上众望所归的大英雄之一，伦敦观众常能见到这一角
色在舞台上出现。莎士比亚虽然选了一个陈旧的题
材，却仍能吸引观众，并把他的亨利王塑造成英国国
王应有的形象，使他成为英国最高贵的武士之一。

《亨利五世》是莎士比亚一系列历史剧中最后的
一环了。这些历史剧涵盖了百余年的英国史，不过各
剧之间都已经仔细衔接，都以相同的方式、态度来处
理英国历史。莎士比亚写剧本一向不做详细的考据，
他也绝想不到，他这样戏剧性的写法会有如此大的说
服力，叫后代的英国人以他的历史观来看待自己国家

的历史。

在莎士比亚眼里,他的这些历史剧如同不负责任的老绅士一样,可是要把这个不负责任的老绅士打发掉还真不容易,最后应观众的要求,莎士比亚不得不再写一出《温莎的风流妇人》。《温莎的风流妇人》一剧无意叙述历史,是莎士比亚作品中唯一一部中产阶级家庭喜剧。

《温莎的风流妇人》背景不是温莎堡,而是温莎城,其中主角也不是贵族,而是平民。莎士比亚对这座小城有着透彻的了解,因此能够得心应手地拿来当作背景。

伊丽莎白女王无疑是很喜欢这出戏的,而且对剧中丈夫所表现的凛然而轻蔑的态度也心有戚戚。剧中2位女主角是活泼、聪慧的温莎妇人,她们对于自己丈夫仅止于容忍而已,但是彼此之间的交情却好得不得了。看了这出戏后,伦敦的主妇们对宫内大臣剧团更加另眼相看,格外赞赏了。

当时的文学界称赞莎士比亚作品"甘醇可人"。

莎士比亚迷对莎士比亚近乎痴迷的崇拜也招致当时知识青年的讥讽,他们对民众痴迷于这些过时的题材表示不解。他们对莎士比亚最看不顺眼的地方,竟是他总写同一类型的作品。

为了体现对莎士比亚的排斥,牛津和剑桥大学一些聪明的学生还编了一出情节夸张的戏剧,可以反映出当时大部分青年高级知识分子对像莎士比亚这样的通俗职业作家是何等轻蔑。

自然,牛津和剑桥两校师生所写的剧本,在各方面都要优于粗枝大叶的伦敦市井产品。它们不受商业污染,它们的知音是受过教育的贵族,而不是修铲补锅、粗手粗脚的伦敦小市民。

这些大学能毫不费力地演出天神从天而降与平地飞升的情景,而且还能制造出"雪花"。当演出大人物时,他们甚至还能借到那些藏于伦敦塔内、富丽气派的袍褂。

大学里的贵族们优于普通伦敦市的演员这是公认的。1593 年,枢密院曾通告牛津、剑桥两大学,不准许"普通演员"在大学里演出。

也难怪,这两所大学的学生是英国未来的希望,若让鄙俗的戏剧表演搞坏了脑子,那可不是闹着玩的。大学法规规定,对观赏职业剧团演出的学生施以处分,甚至伊丽莎白在位的最后几年里,政府一直付钱给各剧团,要求他们千万不要在大学里演出。

1603 年,有人擅自出版了《哈姆雷特》剧本,内容很差,在标题页上,它说明这出戏已有多次在"伦敦城及剑桥和牛津两大学"中演出。在两所大学里演出恐怕是不可能的,但在牛津和剑桥两地演出倒是可能的。

《哈姆雷特》中悲、喜剧交混,没有遵守"三一律",还有许多其他不合习俗惯例之处,上过大学的青年人一眼便能辨识,因此知识阶层并不对这出戏表示赞赏。

《哈姆雷特》是莎士比亚最负盛名的剧本之一,同《奥赛罗》《李尔王》《麦克白》一同并称为"莎士比亚四大悲剧"。剧情取自宫内大臣剧团里一出老掉牙的

通俗剧,约在莎士比亚初抵伦敦时便已写成。那满台
乱走哭泣着说"哈姆雷特,复仇呀!"的鬼魂,正是16
世纪80年代后期剧台上流行的噱头。除非设计某种
原因耽误了复仇,不然全剧在第一幕里就可以完结。
不过,复仇的主角哈姆雷特就同进入衰老期的女王一
样阴郁,犹豫不决、举棋不定,始终无法采取行动,最
后毁了剧中所有的人,这样,后面的几幕才得以存在。

莎士比亚把哈姆雷特塑造得真实而让人心惊。
他虽有礼貌,却又粗莽;他聪敏却自憎自怨;他矛盾不
定却又叫人惊惧。莎士比亚明白哈姆雷特介于灵与
肉的困境之中,那正是每个人自身悲剧的核心所在,
自他而后,代代人都能从他身上找到自己心中的那个
哈姆雷特。

就以最低的评价来看待《哈姆雷特》,它仍是出设
计高妙的通俗剧,是出让人叫好的戏。其中气势宏大
的壮观场面和斗剑的场景层出不穷,即使最会打瞌睡
的小儿看了也会开怀大乐。莎士比亚虽然创作了无
数个浪漫的情节,但不可否认,他同时有着庄户人的

精明,惯于识别那些骗人的门道,并以诙谐幽默的方式表现在戏剧中:

哈姆雷特:契约纸不是用羊皮做的吗?

霍 拉 旭:是的,殿下,也有用牛皮做的。

哈姆雷特:我看痴心指靠这些玩意儿的人,

比牛羊聪明不了多少。

人们对《哈姆雷特》的成功爆发出的回响至今不绝。曾有人这样评述道:

年轻一辈从莎士比亚的《维纳斯与阿多尼斯》里获得了莫大的愉悦,但他的《鲁克丽丝受辱记》和《哈姆雷特》却讨好了智者。

《鲁克丽丝受辱记》这时已出到第4版,一般人都以为它是莎士比亚最好的作品。莎士比亚在《哈姆雷特》上面不惜花上大量笔墨,与《裘力斯·恺撒》中的

简略呈现出鲜明对比。《哈姆雷特》是莎士比亚最长的一部剧著,而且所含的新字也最多,如何做适当的裁度使其合于一般的舞台表演,在当时一定是颇令人头痛的问题。

演出《哈姆雷特》的演员不论如何剪修,恐怕都不能把那些羽毛未丰的黄口小儿的戏份删减掉。在《哈姆雷特》中,童子剧团的表演受到观众的热烈欢迎,他们也受到达官贵人们的宠爱。这些孩童们与成人剧团间的竞争日趋白热化。

17 世纪初,几乎每个重要剧作家都曾为童子剧团写过剧本,并且都是尽心尽力。唯一的两个例外是托马斯·海伍德和威廉·莎士比亚。

他们两人都是成人剧团里的股东,或是忠于自己剧团的关系吧。不过即便不是如此,莎士比亚也未必会替童子剧团写戏,他不同于琼森,对伦敦的普通戏迷丝毫不存轻蔑之心,他也无意只为一小群特殊身份的观众编写剧本。莎士比亚习惯于他那一大群兴奋、毛躁的观众,他们辛苦赚了钱来看戏,若是叫他们觉着索然无味,他们可是不会乖乖买账的,立刻便要表现出来,让你清楚谁才是上帝。

　　当然,这些上帝不会厌烦莎士比亚的,而莎士比亚更不会厌烦他的上帝。

第四章

不朽的莎翁

变革时代的传奇

1603 年 1 月的最后一天,年逾 70 岁,走起路来还像 18 岁少女一样的伊丽莎白女王身后跟着一群老大不情愿的宫人,在风冷雨凄中来到宫内大臣剧院去看演出,从此就再未返回伦敦。

3 月 19 日,伊丽莎白女王病危,所有的戏院都关闭了。伊丽莎白坐在华丽尊贵的椅子上,两眼直视,一言不发。她一生瞧不起药物,12 个御医在她面前徘徊不去,没有一个人能劝得动她服些药下去。最后,她上床躺下,依然不发一言。她最后的手势是让跪在榻旁的主教不要起身,继续祈祷。接着她进入了睡眠。24 日,这位将自己嫁给了英国的女王于睡梦中驾崩。伊丽莎白的时代就此结束了。

伊丽莎白逝世之初，由于她不肯指定王位继承人，人们一度担心英国会有动乱，甚至内战。等到王权和平地移转到新王手中时，人民才大大地松了一口气。英国的新统治者是苏格兰的詹姆士，继位成为国王詹姆士一世（1567—1625年任苏格兰国王，1603—1625年兼任英格兰国王）。伦敦人都觉得要欢迎一个国王是非常新奇的事，因为50岁以下的人对男人坐在王位上统治英国完全没有概念。

詹姆士一世同时是个意志坚决的作家，曾写过许多诗，也写过好几本书。与伊丽莎白不同，他的作品全都出版公之于世。继位为英国国王之后，詹姆士依然笔耕不辍，爱书成癖。被定为王位继承人后，詹姆士一路猎着野兔赶往伦敦。他是一位凌驾于法律之上的君主，曾未经审讯就将一名小偷处以绞刑。他对平民百姓不甚喜爱，又没有伊丽莎白的宽厚仁慈，在民众要求见驾时，他偏躲着不愿露脸："要是我扒下马裤，他们还可以看到我的屁股呢！"

詹姆士没有继承母亲姣好的容貌，也没有姑妈伊丽莎白女王优雅挺直的背脊,他的双腿软弱,需要旁人的协助才能行走。他做事感情用事,好窥伺,没有王者的威仪,又少尊严,身上的男子气概不及伊丽莎白女王的一半,他却自认为自己是国王中的国王、恺撒中的恺撒。不过,他的确带给了英国二十多年持续不断的繁荣。

伊丽莎白时代过去了,詹姆士的时代来临了,一切仿佛都起了变化,但在这个大变革时代,唯一不变的,是人们都抗拒不了莎士比亚的戏剧。

而此时的莎士比亚和他的同行们最关心的是新国王对戏院的态度。这时伦敦新教徒的压力正不断增加,而詹姆士又自幼在一向强烈反对戏剧的苏格兰教会中长大,同时,据说在詹姆斯写给儿子的劝诫书中,也不止一次提到过演员:"切莫以常和喜剧演员厮混为乐。"

不过万幸的是,他并未完全受生长环境的影响,新王实际上是个彻头彻尾的戏迷。詹姆士在苏格兰时曾经为他钟爱的一位演员弗莱契与爱丁堡市发生

严重冲突。爱丁堡的教会执事和城中长老们不肯让这位演员在城里演戏，结果詹姆士硬是强迫他们屈服了。他即位后，便立刻任命弗莱契为国王剧团的团主。新剧团的特许状颁发于国王抵达伦敦后10天，真是一点时间也不耽误。

而那个被称为国王剧团的新剧团，其实就是宫内大臣剧团加上弗莱契。皇室的恩许，使得莎士比亚的剧团成为全英国最显赫的剧团，这样的情况一直持续，直至詹姆士的统治结束。有宫内大臣撑腰，已经是受用不尽了，现在又多了国王的恩宠，受用之处自然更多。詹姆士平均每年看戏的次数为伊丽莎白的5倍，其中半数由莎士比亚剧团所献演。

皇室一家都是大戏迷，伦敦第二大剧团便是由皇后安妮所支持的皇后剧团。

新王的加冕，使得大批游客于当年初夏拥进了伦敦。詹姆斯也为游行准备了演说，客栈和剧院日日挤满了新客。可是人们忽略了一点，那就是人满为患使伦敦城里瘟疫潜生暗长。天气渐热，疫病肆虐，被认为有防治效果的迷迭香,由原先一大包 12 便士的价格陡升为一小束要 6 先令。迅速蔓延的疫病令当局无法坐视不理了,于是各教区下达了瘟疫令,新王加冕日,大众皆不得参加。每星期伦敦城里都有逾千人丧命,其中就有本·琼森的儿子。到了仲夏,伦敦几乎成了一座死城。

伦敦的戏院自然全都关闭了。国王剧团开始了漫长的巡回演出,接近年底的时候,他们接到消息,要到詹姆士御前演出。莎士比亚剧团于是在 12 月的一天,让詹姆士观赏了他们在英国看到的第一出戏。

看过演出后,詹姆士给予国王剧团一笔丰厚的赏赐。国王和王后出手阔绰,花钱如流水,就连詹姆斯自己都说,即位以后的前两年半的时间里,似乎有过不完的圣诞节。

这一年,国王在汉普顿宫庆祝圣诞节。莎士比亚的剧团一如往常,在节日期间来到詹姆士御前演出。

1604 年的 3 月,伦敦的瘟疫到了尾声。詹姆士害怕暴力、武器和戎装,他是个极度热爱和平的人。英国

的子民这样描述他："国王宁可花上10万英镑派驻大使，以耻辱的方式来维持或获取和平，也不愿花一万英镑动用军队，光荣地强求和平。"

詹姆士急于结束对西班牙的冗长、拖延、昂贵的战事，一旦登基，便立即着手谋取和平。西班牙派了军官浩浩荡荡前来伦敦谈和。皇后让出了她在伦敦最好的宫殿，添置了最好的家具和华丽的绣幛缀锦，以接待西班牙大使。同时，英国方面准备好了许多本地的侍从，一些"好性儿而高尚的人"都被选上了，其中就包括莎士比亚在内的12名演员。

皇家演员去充当宫廷内侍并不是新鲜事，莎士比亚也并不是穿上这种制服的第一位英国重要诗人。在理查德二世举行的一次比武大会中，乔叟就曾穿上皇家制服。

西班牙大使在伦敦过得痛快极了，环城观光，大量采购，珠宝商已经在大使们所住宫殿前开出一条路了。和约签好之后，大使离开伦敦，踏上归程。英国与西班牙终于达成了和平。

　　大使才离开英国，宫内大臣们又开始为下一个圣诞季准备起来了。国王迫不及待地想看戏，因此决定打破传统，不用等到圣诞节后，11月就可以开始圣诞节的演出。全季开锣戏的荣耀自然是非国王剧团的人莫属。开场戏定为莎士比亚的《奥赛罗》:

　　奥赛罗是威尼斯公国勇将，他与元老的女儿苔丝狄梦娜相爱，但由于他是黑人，婚事未被允许，两人只好私下成婚。

　　奥赛罗有一个阴险的手下叫伊阿古，他一心想除掉奥赛罗。于是伊阿古向元老告密，不料却促成了两人的婚事。他又挑拨奥赛罗与苔丝狄梦娜的感情，说另一名副将与苔丝狄梦娜关系不同寻常。在伪造的所谓定情信物等证据面前，奥赛罗信以为真，在愤怒中掐死了自己的妻子。当他得知真相后，追悔莫及，拔剑自刎，倒在了苔丝狄梦娜身边。

　　《奥赛罗》是多主题的作品，其中包括爱情与嫉妒、轻信与背叛、异族通婚等主题。

　　11月的一天，《奥赛罗》在白厅宫的大宴会厅里

上演。詹姆士和皇室成员所观看的《奥赛罗》是从低俗粗鄙的通俗剧所升华而成的大诗篇。伊丽莎白末期,莎士比亚读到由吉拉第·辛提欧所搜集的一些故事,其中有个丑恶的故事,说的是一个丈夫妒忌成疯,竟把妻子给谋害了。而这位随意不羁的大戏剧家就撷取了这则血腥的老式故事,做了些他认为必要的结构上的改变,并加上了他宏伟的诗歌和刻画得栩栩如生的人物。

接着,国王剧团的人还演了一出《温莎的风流妇人》和一出《恶有恶报》。《恶有恶报》又是另一则丑恶的故事,取材自辛提欧的故事集。辛提欧笔下的女主角为救兄长性命需要被迫做出牺牲,经过莎士比亚巧手的安排,女主角躲过了这项交易,使故事快乐地结束了。这出戏从局部来看写得很好,可是观之整体则不够成功,因为这样繁复、机械化式的布局未能给予莎士比亚充分刻画角色的余地。

就在大约同一时期,莎士比亚又利用另一个意大利式的故事写成了喜剧《皆大欢喜》,这出剧更不成功,原因与《恶有恶报》相同。莎士比亚随兴所至选撷剧情的方式,有时难免叫他尝试挫败,特别是有关中世纪的民间故事,常阻碍了他刻画角色的才华。

第二年的1月,国王剧团演出了莎士比亚的《亨利五世》,忏悔日那天则演出了《威尼斯商人》。詹姆士看了《威尼斯商人》之后大悦,命他们再加演一场,时间定在未来两天。

詹姆士曾在牛津大学看戏,大学里的师生倾注了大量的时间、精力和金钱来为他排演,甚至于还搞了些昂贵的活动布景。第一出剧上演时,詹姆士就想离席,因校长的苦苦哀求才作罢。看第二出剧时,他说了许多让人接受不了的话,声音之大让台上的人听得清清楚楚。第三出剧开始时,他就干脆坐在座位上呼呼大睡。詹姆士聪敏、严苛,并且非常急躁,是个很难取悦的人,莎士比亚的剧团能使他如此开怀,这可是他们莫大的光荣了。

1604年复活节后的星期一,国王剧团重开了

位于伦敦泰晤士河南岸重建的环球剧场

"环球"。虽然瘟疫让戏院失去了一年中的大好时段，但莎士比亚的剧团仍旧是当地最重要的剧团，此后在詹姆士在位期间里，他们一直是公认的河岸霸主。

詹姆士国王在 1604 年 2 月里已经给了伯比奇 30 英镑，"作为他自己和剧团里其余人的维持和济急之用……至城中健康情况转好为止"。剧团里一定是需要钱用的，不管"环球"开不开业，租金可得照付不误，而且停业之前，国王剧团还推出了一部苦心经营，花下巨资的戏，结果卖座奇惨。

这出戏是琼森的《西杰纳斯》，演员阵容强大，伯比奇和莎士比亚都是领衔的悲剧演员。本来上演这出戏，是想吸引前来观看加冕典礼的群众，可惜琼森的剧作学养太高，太做作，普通大众戏迷不肯买账。《西杰纳斯》是琼森所写的首部重要悲剧，他原意是写一部罗马悲剧以履行所有真正的"悲剧作家的职责"，而且他似乎也是要让写《裘力斯·恺撒》的粗心作者见识一下，看看一位博学而用心

的剧作家,在遵守写作规则的情况下所能达成的
效果。

虽然莎士比亚在《西杰纳斯》里所担任的角色已
无从考证,但这也无关紧要,因为剧中所有角色,都是
一样的木讷面孔。何况,莎士比亚早已习惯了在良莠
不齐的戏里演出。也恰恰是莎士比亚这种不温不火、
随遇而安的性情,偶尔会叫琼森恼火。琼森曾称莎士
比亚缺少"艺术"。琼森口中的艺术,指的就是文艺复
兴时期那种拘泥刻板的伪古典主义理论,这倒被他说
中了,莎士比亚从不特别尊崇被理论和规则包裹着的
"艺术"。在他尝试写作的期间里,他也模仿过一些古
典的典范,但是以后就再没有管过法则不法则,只要
是适用他当时写作的故事的戏剧技巧,他就采用。

要形容莎士比亚的创作不应该用"艺术",而要用
"自由",他有自己的一套,有自己的法则。詹姆士登基
时,莎士比亚已是舞台技巧的专家了,同时也是各种
语言技巧的专家,自有一股滔滔滚滚的力量,流辟出
自己的川渠。

　　大约也就在此时，莎士比亚在试写一部古典戏剧，剧中每个角色都各自象征一种心性。这出戏叫作《雅典的泰门》，主角是个憎恶人类的人，有着怪异而残酷的天性。无法理解莎士比亚怎么会被这样僵拗、不自然的人物所吸引，不过显然他很快也意识到这一点，于是很快放弃了，也没再费心于它了。

　　莎士比亚这时还做了另一项试验，写了部或可称之为"完善"的戏剧，可是剧中主角的个性简化得太刻板，不能表现出大部分人们的人性和真实，因此，这出剧可以是受观众赞赏的一部作品，却不是能打动他们的一部作品。

　　莎士比亚又挖掘了布鲁塔克的另一个故事，这次他的想象力可着了火了，结果烧出来的是《安东尼与克莉奥佩特拉》，琼森对这部戏一定是比对《裘力斯·恺撒》更不满意了。从文艺复兴的观点来看，《安东尼与克莉奥佩特拉》的确称不上是"完善"的戏剧。它要换 32 个场景，以 16 世纪 80 年代锡德尼所嘲笑的老式戏剧的功力来涵盖整个古代世界。至于克莉奥

佩特拉,莎士比亚把她塑造成如哈姆雷特一样复杂而难以预测个性且魅惑动人的女人。

国王剧团要演出《安东尼与克莉奥佩特拉》所遭遇的问题极为棘手,因为这出悲剧中的主角是女人而非男人。因此对饰演克莉奥佩特拉的演员而言,是对他演技最严酷的考验。莎士比亚让克莉奥佩特拉以台词或其他演员的评论,来表达出她对安东尼的炽热的感情。最终,莎士比亚达到了预期效果。

近年来的成就并未让莎士比亚忘却《编年史》。詹姆士即位不久,莎士比亚就在《编年史》里找到了一则苏格兰王的故事,将它改头换面成一出上乘悲剧《麦克白》。

全戏的基调和气氛都是莎士比亚自己烘托出来的,因为在原资料里对这些并无特别提示。《编年史》里的麦克白共统治了17年,其间虽杀戮频仍,但不断有人提到,莎士比亚写《麦克白》是对詹姆士一世的恭维。莎士比亚是不喜欢吹捧皇室的人,国王登基,大概就数他一个人没有涕泗纵横,歌颂国王的太阳照耀在英国之上。他若诚心礼赞詹姆士,应该写出更优雅美好的戏来,而不是这血淋淋的苏格兰悲剧《麦克白》。

莎士比亚写过一篇有关恶魔研究的论文,也被认为是为了迎合国王的口味,不过说它是对伦敦人的恭维也没错。大多数的伦敦人都相信有恶魔的法力。詹姆士相信巫术,但同时他较常人聪明,清楚那些巫师只是歇斯底里症患者,趁机作假而已。他登上王位后便立即揭发了一件这样的案子,解救了一大批子民免受巫师的吊刑。詹姆士甚至不相信王者的触摸可以治愈疾病,初登基时他拒绝行这种恩泽,只因法国的君王依旧保留这个习惯,因此他才答应将这种"恩泽"作为一种策略来施行。

不过说到毫无遮掩地恭维国王,国王剧团的人真的演过一出真正颂赞詹姆士一世的戏,其中有个演员还扮演詹姆士上台。詹姆士本人虽未表示反对,但他的大臣们总觉得不适宜,这出戏因此便停演了。

把真人真事搬上舞台的情形,在伊丽莎白和詹姆士两朝都曾有过。作家们把自己讨厌的人的真实姓

名摆到舞台上进行取笑是司空见惯的。

就连莎士比亚笔下的哈姆雷特都会劝诫人要小心地对待演员们：

> 他们是当代的大事要略和简短的历史，在你死后恶名昭彰的墓志铭，都未必强过活着的时候他们对你所做的恶评。

莎士比亚却几乎是这一时期里，唯一不在戏里对当时的伦敦人评短论长的剧作家。

这时的其他剧作家们都把戏剧的背景放在当时的伦敦，莎士比亚在詹姆士王朝期间，从未以当代的伦敦为背景写过剧本。例如，《李尔王》是写的古代英国的不列颠国王李尔的故事。

《李尔王》于1606年开启了宫廷里的圣诞戏剧季。今天要想找到一个演员能有扮演李尔王的声音和体力，谈何容易。但是国王剧团却有理查德·伯比奇。莎士比亚与理查德几乎是一块长大的，两人一道亲密地工作了十多年,日日在一起切磋琢磨。理查德曾饰演哈姆雷特和奥赛罗并大获成功,扮饰李尔王应是驾轻就熟了。

偶尔有人会说莎士比亚的戏剧正是反映他生活的一面镜子,但是《李尔王》上演之时,英国却是一派升平繁荣,莎士比亚本人也没有什么烦扰。倒是在16世纪90年代末期,他在写就一连串轻松幽默的抒情喜剧时,英国遭逢经济不景气,而他也遭遇自己独子的夭亡。

演戏的行业在斯特拉福从未被认为是高贵的行业。曾经有过一段时间,斯特拉福人也同伦敦人一样爱看戏,莎士比亚小时,剧团还挺受欢迎,可是后来情况就改变了。伊丽莎白逝世前一年,斯特拉福议会正式决定,市政厅里再不得演戏。

斯特拉福像华维克郡许多其他的城镇一般,正在转变成清教徒的地区,这种转变一年比一年明显。斯特拉福所发生的事情,全英国各地也正在发生,尤其是在南部和东部。清教徒的教旨着重在勤

奋工作和独立思考,颇受小有地位的中产阶级的欢迎。

詹姆士统治时期,清教徒在国会中已拥有大半数的势力。1606年,他们以人多势众而使国会通过一项法案,"防止并避免在舞台剧中大量滥用上帝圣名"。清教徒自然优点很多,不过若从英国戏剧着眼,他们掀起的运动若是早些年席卷英国,那就不会有莎士比亚的剧本存在了。

莎士比亚真是幸运,他所生活的时代,是观众没有任何偏见的时代。早在莎士比亚时代的两个世纪之前,乔叟必须为爱情故事和写实的风格而与教会争执;而比莎士比亚晚半世纪的弥尔顿也只能将自己丰溢的才情牺牲在清教严峻的祭坛上。但是,莎士比亚初试笔锋之时,却正是阳光普照的好时代,只要不触及政治,一个人爱说什么就说什么。

剧作家们曾与清教徒有过短期的小冲突,他们让清教人物上台,穿戴着一顶鸡冠帽,画成猴儿脸,装扮出豺狼的肚子。这时,清教徒指责剧作家们已经失去他们昔日在戏里对单纯道德的尊奉。

当时有位作家对当代的剧作家进行评论,把莎士比亚和海伍德列为同流的作家,并且称赞他"丰饶、勤勉",这在今天看来未免太不可思议。这是因为当时的作家们太靠近莎士比亚了,竟至看不真切,辨识不出他的伟大来。

这时唯一了解到莎士比亚形象的居然是一直对莎士比亚的创作秉承排斥态度的本·琼森,是他按捺下个人的好恶,而意识到莎士比亚的价值的:

> 他(莎士比亚)不是属于一个时代,而是属于所有的时代。

琼森的话至今犹睿智有理,其他同时的人所做的评论却显得不真实了,也许这也正是琼森了不起的地方。

琼森像当时所有有学问的人一样,抱定了一个观点,认为凡是那些只花几便士来看演出的观众,他们

的喜爱必然毫无价值。虽然他自己也写过令一般大众叫好的戏，他却反复在书中声言，真正好的写作只能吸引少数一些上层而受过熏陶的人。莎士比亚的剧作一直吸引着大量热情的观众，因而这时期的理论家便觉得，这里面一定有蹊跷。

莎士比亚的观点之所以与琼森等人大相径庭，不仅因为他身为作家，还是一位演员，与大众时有接触，同时更与剧团里的经济状况紧密相关。莎士比亚在健康、重实际的气氛中工作，他们并不注重理论，却重视成果。更有甚者，他对自己个人的声誉并不十分关心，他刻画剧作不是特意为了让人赞赏。

莎士比亚在角色处理方面的改变使得他在文学领域里跨升了一大步。他早期的作品中的人物受制于外在的压力胜过于内心的挣扎，像《罗密欧与朱丽叶》，较之自我内心的搏斗，英雄式的战斗要强烈许多。但才华横溢的莎士比亚随着年岁渐长，已深悟出人生的哲理，所以他开始针对人性的种种来对角色做更尽善尽美的描述。莎士比亚对任何人物都是全力描写。在他的悲剧中,命运是不存在的,悲剧的产生完全源自悲剧人物自身的弱点,这种一针见血的启示不仅能引起观众的共鸣,对意志薄弱的人们也更具震撼性。

不过,这一时期人们对贵族戏院的崇尚影响了莎士比亚最后一批剧作的创作。这最后一批剧作里,莎士比亚所采用的情节技巧,整体而言都是老式的。他在《辛白林》中使用的无头尸体,是他曾大量在《亨利六世》中使用过的;同时,他使用的少女扮书童的手法,也是在他早期喜剧里屡见不鲜的。在《冬天的故事》里,他采用的是格林的一部畅销小说的情节。《冬天的故事》飞越海洋、飞渡岁月,全然不顾英国传统戏剧里对时空情节统一的要求。

莎士比亚许多剧情来源都显得沉郁忧闷,不明白为何他会选择如此平淡无趣的故事。不过,他一方面保持了故事的完整,一方面又能变换形式,使淡而无味的故事变成亘古长存的艺术传奇,也许他真有点石

成金的法力吧。

一般人都相信,《暴风雨》是莎士比亚自舞台退休前所写的最后一出戏。1609 年,在百慕大群岛附近发生了大海难,一船的英国人被困在巫仙群岛这一魔法气氛氤氲的可怕地方达 10 个月。有关海难的叙述传回伦敦,就让莎士比亚创造出了自己的妖岛。这部戏在 1610 年获选为圣诞节的开锣戏,要在白厅宫的宴会厅演出。

对于这出最后的戏,莎士比亚又回到自《错中错》以来不曾采用的技巧,他遵守了严格的"三一律",所有的情节都在一个下午里发生在一个岛上。当年,莎士比亚在写第一出喜剧时,还是个雄心万丈的青年,等他写最后一部喜剧时,他对各种舞台技巧已是无所不知,他之所以又选用"三一律",是因为刚巧符合他的需要。

莎士比亚还动用了他早年在历史剧里所应用的复杂的舞台布置,譬如他让演员扮成女首鸟身的怪物,并在桌上拍打双翅,然后启动机关,让满桌佳肴瞬间消失。

有人认为剧中的魔法师抛弃魔杖返回意大利的情节设计正是莎士比亚有心离开舞台,回返斯特拉福的内心写照。但是莎士比亚一向不屑于这般矫揉造作,他是个客观的艺术家,不会突然在戏里揉进自己的生活。

不过,莎士比亚很有理由退休。他已工作得够久,应该歇息了。

戏剧家的隐退

　　莎士比亚在伦敦舞台上的最后几年里,他在斯特拉福的家发生了一些变化。1607年6月,他的长女苏珊娜嫁给了一位杰出的清教徒医生约翰·霍尔。那一年苏珊娜24岁,霍尔长她8岁。从社会地位上来看,这桩婚姻莎士比亚很满意。霍尔曾在剑桥大学就读,是地方上的绅士。他的病人众多,且都是身份高贵的人,就连北安普敦伯爵都要仰赖他的医术。下一朝王室想封他头衔,被他拒绝。他身后留有拉丁文的医学日记,有位外科医生认为值得改写成英文刊行。

　　像霍尔医生这般的清教徒,通常不会有太多上层阶级的患者的,然而,他却是远近驰名,连因为他的宗教而憎恶他的人都常需要他帮忙。

婚后，这对新婚夫妇前往霍尔农场居住，距莎士比亚在斯特拉福的新宅只几步路的脚程。第二年，苏珊娜产下一女，取名伊丽莎白。就在这一年里，莎士比亚的母亲去世了。莎士比亚的母亲玛丽活得比丈夫和几个儿女都久，终于得以见到莎士比亚功成名就，家族成为地方上的望族。1608 年 7 月 7 日，莎士比亚返乡奔母丧，逗留至次月。

一位小时曾在莎士比亚家玩耍的人，曾对莎士比亚在斯特拉福的新宅进行了回忆：

有道大砖墙隔着新宅与街道，墙内直到屋前是碧草如茵的天井，屋子上面有简朴的铅架窗户，朝向教堂巷那面有两个谷仓和两个果园。新宅的花园已经有年头了，景色秀雅。莎士比亚去世之后，一位爵士还要求分些园里的一种藤蔓的芽苗。

这幢房子大得可供皇后使用，不过，在莎士比

亚一生里,却鲜有在新宅中殷勤待客的记录。

威廉·莎士比亚对城里的事情不太感兴趣,虽然他现在是斯特拉福的永久居民了。1611年,国会里提出整建公路的法案,斯特拉福72位大屋主都联名提出经济援助,其中有约翰·霍尔医生、托马斯·格林等,唯独不见威廉·莎士比亚的正式落名,他的名字后来被发现写在边缘,显然是事后追加的,但这是他唯一的一次介入地方事务。也可能是他经常在外地演出,署名之时,他刚好不在,回来之后才要求补上名字。

然而,在斯特拉福的记录里,莎士比亚的姓名真是出现得太少了,因此,唯一的结论就是,他对斯特拉福的事务没兴趣,也不关心。

退休前,莎士比亚的名字曾两度登上斯特拉福的记录,都是为了讨债。1604年,他控告一位欠他35先令麦芽钱的药剂师。1608年,他又控告一位绅士欠他6英镑。在斯特拉福,像他这样,官司算是打得奇少的了,因为打官司是斯特拉福人讨还债款的寻常方式。

关于钱财的事情,莎士比亚丝毫不肯马虎。1605

年 7 月,他花了生平最大的一笔款项,付了 440 英镑,租得了斯特拉福部分的什一税税收。什一税原是教堂所收的税,为维持牧师和教会的收入而收,以年收农产品十分之一缴纳而命名。但是教会改革之前,教会就常把什一税出卖或出租给非教士的普通人。1544 年,斯特拉福的"学院教会"把什一税租给巴克一家人,租期 92 年。巴克家又将它转租他人,逐渐地竟又再分租给各式各样的人,莎士比亚买到手的只有全部财产的八分之一。

承购什一税与在当地威望的建立大有关系,因为拥有什一税的人就算得上是斯特拉福的重要人物,因此,莎士比亚家从此在斯特拉福有了更崇高的地位。莎士比亚承购之后,便有权收取这些什一税,至 31 年期满为止,那时全部财产便归由斯特拉福财团法人掌管,在此期间,莎士比亚必须每年付 17 英镑给财团法人。这是笔很合算的投资,20 年之内,这些财产的价值几乎涨了一倍。莎士比亚家在斯特拉福的地位越来越尊贵,人们也开始设法遗忘这家主人是个演员。

莎士比亚在斯特拉福不演戏,他是威廉·莎士比亚,是个绅士。莎士比亚这个俗世的人,死后可以葬在环绕圣坛的围栏之内了。

1611年,莎士比亚又买了20英亩的放牧地,趁着高等法院第4期开庭期间,办妥了一份特别法律文件,以确定9年前他买下的土地的所有权。

购得斯特拉福什一税的42个人,每年均须各向亨利·巴克缴纳年费。理论上,只要有任何一人没有缴付,巴克便可取消这42人对全部财产的权利。小心谨慎的莎士比亚和42人中的一些人联名向掌玺官递上诉状,控告莎士比亚的一位好友威廉·库姆。威廉·库姆答辩说,他每年都付给巴克5英镑,而且还愿意稍稍多付一点,同时他还与莎士比亚及另外两人联合请求庭上,务使什一税的拥有人之间能对钱财做更合理的分配。

这场官司在友善的气氛下进行,而莎士比亚与库姆家人也一直维系着情感。莎士比亚大部分的朋友,似乎都是有地有宅的士绅人家,像纳什两兄弟,莎士比亚在遗嘱中各留了一枚纪念戒指给他们。家境较富的安东尼·纳什,他的儿子后来娶了莎士比亚的外孙女为妻。莎士比亚另一位斯特拉福的朋友是托马斯·罗素先生,他是地方上的要人,莎士比亚请他做了遗嘱监督人之一。

1612 年冬天,伊丽莎白公主要出嫁了,国王剧团的人要在庆典中演出重头戏,财务部已经付给约翰·赫明格一百五十多英镑。

这次庆祝公主出嫁的演出中,莎士比亚的剧作超过了任何其他的作家,其中包括《奥赛罗》《冬天的故事》《暴风雨》《无事生非》《裘力斯·恺撒》以及《亨利四世》。

1613 年 1 月里,伊丽莎白公主婚礼后,接着便是国王登基周年纪念。每逢周年纪念,总是举行盛大比武会。在比武会里有个沿袭了约一世纪的习俗,那就是武士们要携带纸盾,赛后这些纸盾便被收齐起来,悬挂在白厅宫的一个房间里,永久陈列。武士们在纸盾上绘上图画,再写上一句话,或者暗示他的身份,或

者他心里的想法。每个武士都想别出心裁以引人注意，猜测这些宫廷小谜语已成为比武大会的乐趣之一。譬如有个武士正爱得晕头转向，便画着维纳斯在云端；另有个武士不蒙皇上恩宠，便画个人儿在爬山，却遭遇逆风的阻拦；有个武士什么也想不出，便让纸盾空着，只在底下摆了画笔和一些颜料，他的意思是："照您的意思绘吧。"

　　这一年，有两位爵士很想通过这次比武出出风头。他花了二十多英镑给马镫镀金，又花了二十多先令给马装饰了大小长短不一的羽毛，又花了4英镑给威廉·莎士比亚和理查德·伯比奇，让二人替他设计一面盾牌。

　　伯比奇除了会演戏，还画得一手好画，他所作的一幅女子肖像，还在杜维区学院里挂了好一阵子。于是伯比奇帮他画图样，莎士比亚帮他想能一鸣惊人的妙语。

　　这一对儿天才的合作，定会让观众大开眼界，虽然合作的成果已经无从考证，但当时一位观众曾说，除了那名爵士和他弟弟的盾牌之外,没有哪个是可看的。

　　莎士比亚当演员已有 20 年,这是需要把全副精神、体力都毫无保留奉献出来的行业,即使在夏天或圣诞节都不得休息。同时他也花了 20 年猛烈燃烧着自己的心智,创造了一系列的伟大戏剧和一批活灵活现的人物。他之所以要告别剧院,原因很简单——他疲惫了。

安排身后事

1613年3月，莎士比亚又开始投资起了不动产，这是他第一次在伦敦置业。他以140英镑的价钱从一位音乐家手中买了一幢有院落的房子，离环球剧院不远。詹姆士朝初期，原屋主只花了100英镑购置这幢房子，不过这幢房子所在的住宅区里，房子是会不断涨价的。莎士比亚把房子买下后，便租给一位名叫约翰·鲁滨逊的人。此人曾与人联名，不让詹姆士·伯比奇在该地区建戏院，可是风水轮流转，如今鲁滨逊先生也只有将就着住在戏院隔壁了。

也许这位老演员感觉到自己时日无多，于是莎士比亚找了3个财产信托人，其中之一便是约翰·赫明格。

　　莎士比亚花如此大工夫找3个资产信托人的目的就是不让妻子在自己死后继承自己的遗产。由莎士比亚的遗嘱看来,他是打定主意要把自己所有财产完整无损地留给一位男性继承人,他不愿辛苦得来的土地,分散到外人手中。

　　资产交易过后,国王剧团在"环球"精心推出又一部杰作——莎士比亚的新剧《事事真实》,但后来却改了名字,于是《亨利八世》应运而生。此剧是出盛大的历史剧,用以赞美伊丽莎白女王的诞生(伊丽莎白女王是亨利八世之女),少有刻画角色的余地,不过排场倒是浩大华丽。

　　这出戏并没有任意添枝加叶的虚构,而是把亨利八世描写成一如老年观众父辈记忆中的既和蔼又会暴跳如雷的君主。他没有把观众带入国王的离异、安·波琳的女儿伊丽莎白及与罗马教廷的决裂是否合法的争论中,只是摆出事实而不下结论。

　　这出戏预备在月末演出。那天,最后的一部喜剧

演完后,这出新剧便要开演。当时的名字叫《事事真实》,不过,首演那天,观众没来得及听到多少严肃而高贵的真实故事,演出便出了状况。

第一幕戏里,沃尔西大主教的屋里正在举办一场盛大的舞会,亨利八世便要在这里初遇安·波琳,并迷上了她。当国王进场时,舞台指示要吹奏高音笛,这种乐器声音尖锐,有点簧乐器的音调,为了壮大声势,要弄响鼓号和礼炮以预示国王的到来,但点燃礼炮的火绳同时也点燃了"环球"的屋顶。房屋开始燃烧起来,经风一吹,火势迅速蔓延,瞬间变成了熊熊大火,一发不可收拾。顷刻间,整栋建筑便给烧得精光。这是自圣保罗教堂尖塔大火以来,伦敦最猛烈的一场火。

"环球"只有两个窄门进出,但是这次事件中居然无人伤亡,这实在是不幸中的万幸。第二天,消息便传遍伦敦。

拥有"环球"的人,是伦敦演员群体中最富的一批人,次年春天将至时,他们又新建了一座比"环球"更漂亮的戏院。约翰·赫明格负责财务事宜。莎士比亚此时持有"环球"股份,因此也理所应当地分摊了部分费用。

1616 年莎士比亚去世时,一定已经把"环球"的股份处理掉了,因为在他的遗嘱中并未提起。也许在戏院烧毁重建之时,他就不想再参加而把"环球"的股份处理了。可是"环球"却是一个极好的不动产收入,是一种安全的投资方法,因此莎士比亚也可能继续拥有股权,只是在去世前先处理了。莎士比亚这样做也许是为了避免让股份流入外人手中,给戏院营运增加困难。

"环球"失火那段期间,斯特拉福也发生了一件事,闹得满城风雨,而主角竟是莎士比亚的长女苏珊娜·霍尔。有个家境富有的青年约翰毁谤苏珊娜,说她不只在霍尔医生家里发号施令,还与人有染。

霍尔夫妻不能容忍约翰的诋毁,即刻去宗教法庭兴讼控告他,被告不敢出庭,霍尔夫妇胜诉。

1616 年 2 月,莎士比亚的小女儿朱迪丝与老友理

查德·昆尼的儿子托马斯·昆尼结婚。由于是在禁戒期中突然成婚,并未取得特别执照,二人的婚姻受到了宗教法庭的处分。

莎士比亚并不看好朱迪丝的婚姻,因为托马斯曾因"无法自持"而与另外一个姑娘产生过感情,甚至还为这事闹上了法庭。在法庭上,托马斯被判以苦行赎罪,他必须以白布裹身,连续3个礼拜去教堂,让布道者和群众在大庭广众之下谴责他。婚后的托马斯对那位姑娘的不幸遭遇和自己所受的惩罚感到遗憾,他确实应该遗憾,他的岳父莎士比亚因为这件事对遗嘱做了重大的修改,大大消减了朱迪丝所应继承的遗产份额。莎士比亚要让朱迪丝为自己轻率的决定承担后果,但日后的事实表明,这桩轻率的婚姻本身就是对她最大的惩罚。

莎士比亚的遗嘱有一个主要而坚决的核心,就是将所有不动产完整地留给一位男性后代。莎士比亚独子早年夭亡,当时莎士比亚家并无男性后代,然而苏珊娜还年轻,仍有可能生儿子。就算她不生,外孙女伊丽莎白也可能会生,再不然,他还有不长进的朱迪丝。

莎士比亚的遗嘱一开始便写着给朱迪丝的遗产,由于房地产要完整地留给男性子嗣,因此她得到的是一笔丰厚的现款,分为 2 份,各是 150 英镑。第一份的一部分立即给付,另一部分则在她放弃教堂巷的地产权后给付。第二份的 150 英镑,要等 3 年后,朱迪丝本人或她的子嗣还活着时才给付,否则,依然由莎士比亚家保留。朱迪丝的丈夫托马斯必须先给太太同等价值的土地,才能继承朱迪丝继承的遗产。

莎士比亚的土地悉数归属长女苏珊娜所有,包括一切的世袭财产。苏珊娜活着的时候可以使用所有这些房地产,以后便归属她的长子。长子若是不活,则给次子,次子若是又不活,则予第三子……这样继承的次序仔细地列到她合法所出的第 7 个儿子。那一时期的遗嘱鲜有列得这般详尽的。当时的普通遗嘱通常都是:苏珊娜倘无儿子,便由她女儿伊丽莎白·霍

尔之子继承,伊丽莎白若无儿子,则归朱迪丝·昆尼之子继承。

莎士比亚让唯一还活着的妹妹琼,终生租住在他的一处房产里,每年只象征性地收租金 12 便士。他还留给她 5 英镑现款和他所穿的衣服。她的 3 个儿子则各给 5 英镑。此外,他还留给朱迪丝 1 个最贵重的盘子、1 只镀银的碗,其他所有金银器皿则全留给外孙女伊丽莎白。他遗赠 20 先令的金子给他的一位教子,10 英镑给斯特拉福的穷人。另外,他还留给好友们现金、纪念戒指等。

遗嘱中还规定,家中的全部家当都归给女儿苏珊娜和女婿霍尔医生,他们也是莎士比亚指定的遗嘱执行人。而这些家当中最好的床用来待客,第二好的床留给妻子安。

安·莎士比亚与大女儿苏珊娜亲密异常,现在苏珊娜是新宅的主人了,寡母晚年也是在她的伴护下度过的。

最后,莎士比亚在遗嘱每页上面都签了姓名,并在最后一页上同时写有"由我,威廉·莎士比亚所立"的字样。这时期里大部分人的遗嘱都是亲昵而感情洋溢的,如赫明格要求葬在"我至爱的妻的近旁"。莎士比亚的遗嘱却不带一丝个人情感,可是只有将对家人和朋友的情感深藏在心中的人才列得出如此详尽的遗嘱。

莎翁的谢幕

　　1616年4月,遗嘱修订约莫1个月后的一天,莎士比亚参加了一次聚会,期间他吃了许多腌鱼,还喝了许多莱茵白葡萄酒,在朋友的相劝下恣意狂饮。暴饮暴食之后,他在闷热的房间里出了一身的汗,在春寒料峭的4月里,他不穿外衣、不戴帽子就出门送客,终于受了寒。

　　在得病之前,莎士比亚就已经很衰弱了。他的一生操劳过度,女儿们的婚事又让他烦心不已,因此在春季里,他终于弃世而去了,年仅52岁。但在他的那些兄弟姐妹中他已经算活得最久的了。莎士比亚逝世的日子在墓碑上被记为1616年4月23日,教区里的记录,则显示他下葬于两天之后。他躺在木棺里被人自家中抬出,对面市政教堂的钟适时被修好,为他敲响了丧钟。

根据莎士比亚的世俗身份,他被安放在圣三一教堂。圣三一教堂原是幢美丽的建筑,可是莎士比亚过世时,它的圣坛已经年久失修,雨水的渗入使墙上油漆斑驳脱落,窗玻璃也需要重上釉彩。圣坛北边的墙后,有一间牧师的书房,其中有地下坟墓,可以用来放置骸骨。

墓上靠墙立有精致的大理石墓碑,在当时约花费60英镑,这可是十分昂贵的。墓碑虽贵,却如当时的一般墓碑一样,缺乏创意。在两个大理石石柱之间,有莎士比亚的半身雕像,以传统握纸笔的方式来表示他曾是个作家。也许当时为他雕刻塑像的人认为莎士比亚是肥胖的、自鸣得意的、蠢笨的,于是将他的半身像塑造得有些滑稽。莎士比亚的坟墓上有一首诗:

好朋友,念在耶稣的份上,
莫要挖掘这里的墓葬。

祝福那容此碑石的人，

诅咒那移我骸骨的人。

　　雕像刻在石灰石上，因为它容易上绘彩，五官由雕刻者依传统方式雕出，再由画师着色。雕像的眼睛淡褐色，头发赤褐色，紧身上衣绛红色，宽松的长外衣黑色。在这肖像的双臂之上各有带翼天使，持锄的天使代表辛劳，持着倒置火炬的天使代表安息。肖像之下，有拉丁文和英文夹杂的铭词，其中提及莎士比亚在智慧上追随苏格拉底。

　　当时一位与莎士比亚同时代的剧作家，比莎士比亚早去世1个月，被安葬在威斯敏斯特教堂乔叟和斯宾塞墓旁。有个牛津的学生认为，莎士比亚也应该安魂于此。但斯特拉福没有人想过莎士比亚应该安葬在威斯敏斯特教堂，在他们看来，莎士比亚的墓碑已经很昂贵、很有身价了。1623年，圣坛重新修理、上油漆，窗户也重新上釉。鲜丽的漆彩与莎士比亚明净的大理石墓碑交互辉映，但是有谁知道，在这冰冷的墓

埃文河畔斯特拉福的圣三一教堂，
莎士比亚在此受洗并埋葬。

莎士比亚之墓

石之下,是颗永生不息的灵魂!

莎士比亚遗嘱里殷殷期盼的男性子嗣始终没有出现。霍尔夫妇一直就只有伊丽莎白一个女儿。伊丽莎白虽然后来长寿而富有,但却也是一个儿子也没有。朱迪丝·昆尼倒是育有3子,但却都早她离世。

莎士比亚小心聚敛、保护的资产最终还是落入外人之手,只剩得一方寻常的墓前雕像告诉世人,这位英国的巨人曾在斯特拉福这块土地上生活过。

莎士比亚对自己剧本是否流传后世从未关心过,可能他认为这些文字比不上土地值钱,然则他的演员同仁们却不这么想。在莎士比亚去世后7年,他们将莎士比亚的剧作出版了。

国王剧团的人希望莎士比亚的剧本能够传世,被后世所了解。但是把36出剧本收在四开本里未免太厚、太挤了,只有以对开本的方式付印才比较理想,而这样,花费就要昂贵得多了。

在那个时代,对开本多用于历史、神学和医药等高尚的书籍,像剧本这样昙花一现的通俗作品从不曾

1623年出版的第一对开本的扉页，
版画像为马丁·德鲁肖特创作。

174

以对开本的形式付印过。唯一胆敢把自己的剧作印成对开本的是本·琼森,在莎士比亚去世那年。

赫明格和康德尔也决定把莎士比亚的剧本以对开本印行。他们克服万难,于1623年11月,在出版注册处登记了莎士比亚剧本的第一对开本的版权。

扉页处作者的肖像出自一个二十岁出头的年轻画家之手。画家依据本·琼森所指出的莎士比亚的形貌所绘,笔法拘谨无误,形象虽然僵硬,倒也称得上与本人相像。

这时候时兴在书里印上一大串诗作为前言。通常诗的数量由十几首到几十首不等,但莎士比亚的对开本则只有4首前言诗,因为莎士比亚在当时既无高贵的学术地位,又无丰富的诗文人脉,赫明格和康德尔所认识的诗人恐怕也不多。

本·琼森毫无疑问地承担了替莎士比亚写前言诗的任务,他不仅是赫明格和康德尔二人最熟识的诗人,同时他也是莎士比亚的密友。而琼森本人也是当代英国文学界的泰斗,让他来写诗推介,应是再理想

不过了。

琼森共写了 80 行诗,用来怀念他所挚爱的作者——威廉·莎士比亚大师。但他还是忍不住要提到莎士比亚"粗浅的拉丁文和更浅拙的希腊文"造诣,可是他更进一步说,只有最伟大的希腊剧作家,才能与莎士比亚相比,他已经超越了他同时代的所有作家。他是个相当优秀的剧作家,尽管他机敏、犀利,以雷霆之势震撼舞台,但他始终缄默、深沉、和蔼可亲、豁达大度,他始终是"温文尔雅的莎士比亚"。

赫明格和康德尔这两位伯爵兄弟还做了第一对开本的赞助人。这本书毫无疑问"很使生者喜欢",因为在 10 年之内,应读者要求又出了第 2 版。虽然莎士比亚的墓地和墓碑称不上极尽哀荣,但赫明格和康德尔却用莎士比亚自己的文字为他建起了永恒的纪念碑。

待赫明格和康德尔的时代也消逝之后,清教徒接掌大权,关闭了英国各地的剧院。但是莎士比亚的剧本却世世代代传颂了下去,每逢传到新的一代,便会涌现更多的人去发现他的光辉和价值,从而使人们更加敬爱他。

莎士比亚留给后人一份最宝贵的文化遗产。关于他本人,历史却只留给后人寥若晨星的资料。一位研究伊丽莎白时代文学的英国学者曾说过:"除了他确实在斯特拉福镇出生、结婚、生子,去伦敦演戏,写过诗,写过剧本,在故乡立过遗嘱之外,对他生活中的任何细节的假设都是毫无依据的。"

不过有一点我们可以肯定,莎士比亚生在一个并不把戏剧作品当作是什么了不起的东西的时代,一个把自己的剧本称为"著作"时会遭人嘲笑的时代,一个尚不能认识到莎士比亚及其作品价值和历史地位的时代。在他逝世半个世纪后,才有人想要了解他的生平。多个世纪以来,不知有多少人力图重塑莎翁的形象,再现这位文豪的一生。他的作品,至今仍风靡全世界,他的戏剧至今仍在舞台上和银幕上历久不衰。也许正如俄罗斯文学评论家林别斯基所说的那样,莎士比亚是曙光,是通向未来之路的黎明。

莎剧在中国的传播

从 17 世纪开始，莎士比亚戏剧（简称"莎剧"）陆续传入德国、法国、意大利、俄国、北欧诸国，然后渐及美国乃至世界各地，对各国戏剧的发展产生了巨大而深远的影响，并已成为世界文化发展、交流的重要纽带和灵感源泉。

莎士比亚的名字最初出现在中国，具有一点偶然性。1839 年，林则徐（1785—1850 年）主持编译《四洲志》，其中《英吉利国·杂记》篇写道"沙士比阿、弥尔顿、士达萨、特弥顿四人工诗文，富著述"，这里的"沙士比阿"即莎士比亚。在 1902 年 6 月 6 日《新民丛报》（1902—1907 年刊行）第九号上的《饮冰室诗话》（连载）中，梁启超（1873—1929 年）第一次将 Shakespeare 译为现今的通译"莎士比亚",并极力推崇这位英国作家。(论及莎士比亚的那一段,见《饮冰室诗话》[人民文学出版社 1959 年 4 月北京第 1 版]第八条。)

1903 年,上海达文社出版了《澥外奇谭》(题"英国索士比亚著"),它包括用文言文翻译的 10 个莎剧故事(其中,第二章《燕敦里借债约割肉》,即《威尼斯商人》的故事;第三章《武厉维错爱孪生女》,即《第十二夜》的故事;第十章《报大仇韩利德杀叔》,即《哈姆雷特》的故事),这是国内第一次对莎剧作品进行系统的翻译出版。1904 年,商务印书馆出版了由林纾(1852—1924 年,清末民初文学家、翻译家)、魏易(1880—1930 年)用文言文合译的莎剧故事集《英国诗人吟边燕语》。1921 年,田汉(1898—1968 年,戏剧活动家、剧作家、诗人)在《少年中国》杂志上发表了译作《哈孟雷特》(即《哈姆雷特》),这是中国第一部用白话文翻译的、具有完整戏剧形式的莎剧作品。

20 世纪 30 年代,中国文人对莎士比亚的关注度越来越高,逐渐掀起了一股引人注目的热潮;此外,

1934 年，茅盾在《文史》杂志上发表了《莎士比亚与现实主义》，从人性、浪漫主义、现实主义等 3 个层面进行了论述，并且引用了马克思、恩格斯的"莎士比亚是伟大的现实主义者"的评价，对此后莎士比亚在中国的传播产生了极为重要的影响。越来越多的莎士比亚作品，陆续地被翻译成中文。

在中国，翻译莎士比亚作品的人很多，除了前面介绍的林纾、魏易、田汉外，老一辈的著名翻译家主要还有（按生卒年排序）：方重（1902—1991 年，翻译家、中古英语专家、比较文学学者）、梁实秋（1903—1987年，散文家、文学评论家、翻译家）、顾仲彝（1903—1965年，戏剧理论家、剧作家）、梁宗岱（1903—1983 年，诗人、翻译家）、孙大雨（1905—1997 年，翻译家）、曹禺（1910—1996 年，剧作家）、卞之琳（1910—2000 年，诗人、翻译家）、曹未风（1911—1963 年，文学翻译家）、朱生豪（1912—1944 年，翻译家、诗人）、吴兴华（1921—1966 年，诗人、学者、翻译家）、方平（1921—2008 年，原名陆吉平，翻译家）等，他们的莎士比亚译作或多或少，各有千秋。其中,最早成体系地翻译莎剧的是朱生豪。在他于1944年翻译出31部莎剧之前,还没有人如此系统地把莎剧介绍给中国读者。

朱生豪,莎剧翻译家、诗人,浙江嘉兴人。1912年2月2日出生于一个破落的商人家庭,家境贫寒。他是家中的长子,有两个弟弟。1917年,进入嘉兴开明初小读书,学习勤奋,成绩优秀。1921年毕业,获得甲级第1名。1922年冬,母亲病逝。1924年,父亲患病去世。之后,朱生豪兄弟3人,由早孀的姑母照顾。1924年7月高小毕业后,插入嘉兴私立秀州中学初中二年级,他酷爱国文、英文。1926年,升入秀州高中。1929年高中毕业,同时被保送到杭州之江大学文理学院,并享受奖学金待遇,攻读中国文学,兼修英文。

大学二年级时,朱生豪参加"之江诗社",其才华深得老师、同学的称赞。时任"之江诗社"社长、国文系教师的夏承焘(1900—1986年)曾评价说:"阅朱生豪'唐诗人短论'七则,多前人未发之论,爽利无比。聪明才力,在余师友间,不当以学生视之。其人今年才

二十岁,渊默若处子,轻易不发一言。闻英文甚深,之江办学数十年,恐无此不易之才也。"大学四年级时,在"之江诗社"的活动中,朱生豪认识了当时读大学一年级的宋清如(1911—1997年),他们对于诗歌有着共同的爱好,后来发展为情侣、夫妻(1942年5月1日结婚)。

1933年大学毕业后,朱生豪进入上海世界书局(1917—1950年)任英文编辑。有感于当时中国没有一套完整的莎剧全集译本,他决意翻译一部力求"保持原作之神韵"的、"明白晓畅"的莎剧全集。

1936年春,朱生豪开始翻译莎剧作品。为了便于中国读者阅读,朱生豪打破了英国牛津版的按写作年代编排的次序,转而分为"喜剧""悲剧""史剧""杂剧"4类进行编排,自成体系。1937年,日军进攻上海,朱生豪辗转流徙,贫病交加,仍然坚持翻译。直到1944年上半年,他克服难以想象的困难,以惊人的毅力翻译出了莎士比亚37部戏剧中的31部(全13部喜剧、全10部悲剧、全4部传奇剧,以及10部历史剧中的4部),

唯有历史剧《亨利五世》《亨利六世(上、中、下篇)》《理查三世》《亨利八世》6部尚缺。

天妒英才,1944年12月26日,朱生豪抛下年轻的妻子、刚满周岁的儿子,因病含恨离开人世,年仅32岁。他的妻子宋清如曾一度绝望到要随他而去……化悲痛为力量,宋清如在此后的人生只赶着做两件事情:抚养刚满周岁的儿子,替亡夫完成莎剧作品的翻译出版。

1947年,宋清如独自完成了朱生豪180万字翻译手稿的全部整理、校勘工作,写下了译者介绍,交由世界书局(1917—1950年)出版,书名《莎士比亚戏剧全集》。此外,宋清如还写有《译莎氏剧集单行本序》。在新中国成立后,朱生豪的莎剧译本被多次出版。1978年,人民文学出版社校订朱生豪的31部莎剧译作,并补译他未译的6部莎剧,以及莎士比亚的诗作,出版了《莎士比亚全集》。

在把莎剧介绍给中国读者方面,朱生豪厥功甚伟,其妻宋清如功不可没。早在他们结婚时,夏承焘就

为这对新婚伉俪题下了"才子佳人，柴米夫妻"八个大字。在朱生豪病逝后，戏剧大师曹禺曾亲笔题词，赞扬朱生豪"正义凛然，贡献巨大"，称颂他一生为译莎剧"功绩奇绝"。

朱生豪在翻译莎剧时，充分考虑了汉语的表达习惯，不拘泥于英语原文的语言细节，而是将原文的词汇、句子结构、句型等加以融化、糅合，再创造性地翻译成自然流畅的中文；并且，选择了极具口语化的表现方式，恰如其分地再现了剧中角色的不同身份，使读者能感受到他们的喜怒哀乐，获得极佳的阅读体验。